essentials

Essentials liefern aktuelles Wissen in konzentrierter Form. Die Essenz dessen, worauf es als „State-of-the-Art" in der gegenwärtigen Fachdiskussion oder in der Praxis ankommt. *Essentials* informieren schnell, unkompliziert und verständlich

• als Einführung in ein aktuelles Thema aus Ihrem Fachgebiet
• als Einstieg in ein für Sie noch unbekanntes Themenfeld
• als Einblick, um zum Thema mitreden zu können

Die Bücher in elektronischer und gedruckter Form bringen das Fachwissen von Springerautor*innen kompakt zur Darstellung. Sie sind besonders für die Nutzung als eBook auf Tablet-PCs, eBook-Readern und Smartphones geeignet. *Essentials* sind Wissensbausteine aus den Wirtschafts-, Sozial- und Geisteswissenschaften, aus Technik und Naturwissenschaften sowie aus Medizin, Psychologie und Gesundheitsberufen. Von renommierten Autor*innen aller Springer-Verlagsmarken.

Michael Jakob

Gute Gründe für Klimaoptimismus

Warum es noch Hoffnung für den Klimaschutz gibt

Michael Jakob
Berlin, Deutschland

ISSN 2197-6708 ISSN 2197-6716 (electronic)
essentials
ISBN 978-3-658-50688-9 ISBN 978-3-658-50689-6 (eBook)
https://doi.org/10.1007/978-3-658-50689-6

Die Deutsche Nationalbibliothek verzeichnet diese Publikation in der Deutschen National bibliografie; detaillierte bibliografische Daten sind im Internet über https://portal.dnb.de abrufbar.

Planung/Lektorat: Carina Zimmermann
Springer Gabler ist ein Imprint der eingetragenen Gesellschaft Springer Fachmedien Wiesbaden GmbH und ist ein Teil von Springer Nature.
Die Anschrift der Gesellschaft ist: Abraham-Lincoln-Str. 46, 65189 Wiesbaden, Germany

Was Sie in diesem *essential* finden können

- Die Gefahren des Klimawandels treten immer stärker zu Tage.
- Trotzdem ist es uns bisher nicht gelungen, die globalen Treibhausgasemissionen zu senken.
- Dieses Buchs will daher wichtige Fortschritte beim Klimaschutz aufzeigen, die in den vergangenen Jahren erreicht wurden, in der öffentlichen Debatte aber leider oft zu wenig Beachtung finden.
- Es richtet den Blick auf ermutigende technologische, soziale und politische Entwicklungen und diskutiert, wie wir Klimaschutz in Bereichen voranbringen können, in denen wir noch hinterherhinken.

Für Evi und Hans

Vorwort

Sicherlich läuft nicht alles rund beim Klimaschutz. Als Klimaökonom beschäftige ich mich seit Langem eingehend mit den zahlreichen Herausforderungen für eine erfolgreiche Klimapolitik. Mit diesem Buch möchte ich einen anderen, optimistischeren Blickwinkel einnehmen. Es dreht sich um die zentrale Frage, welche Erfolge bei der Bekämpfung des Klimawandels erzielt werden konnten und wie wir darauf aufbauen können. Zu diesem Zweck stelle ich zahlreiche Beispiele technologischer, sozialer und politischer Veränderungen vor, die den Weg zur Klimaneutralität ebnen können.

Das Buch ist als populärwissenschaftlicher Beitrag zu verstehen, der aktuelle Entwicklungen in der Klimapolitik in leicht zugänglicher Form aufbereitet. Die diskutierten Beispiele basieren auf Beiträgen in wissenschaftlichen Fachzeitschriften, Berichten von internationalen Organisationen und Industrieverbänden, sowie auf Veröffentlichungen von Regierungen und der Zivilgesellschaft. Datenquellen sowie Verweise auf öffentlich zugängliche Dokumente sind im Literaturverzeichnis enthalten. Um einen Text zu erstellen, der wissenschaftlich präzise und gleichzeitig gut lesbar ist, habe ich mich dazu entschieden, Quellenangaben sparsam einzusetzen. Interessierten Leser:innen sei daher für einen noch tieferen Einstieg die englischsprachige Langfassung (Jakob 2025) empfohlen, die umfangreiche Quellenangaben enthält.

Dieses Buch hat erheblich von Diskussionen mit Freund:innen und Kolleg:innen profitiert. Für die englischsprachige Langfassung bin ich Clara Brandi, Wolfgang Habla, Veronika Huber, Martin Kowarsch, Robert Marschinski, Gregory Nemet, Jose Ordonez, INDRA Overland und Narasimha Rao zu Dank verpflichtet. Für dieses *essential* haben mich zudem Anne Biewald, Bahareh Ghafouri, Andrea Hangen, Harald Hofmann, Ilinca Ioanid, Evelyn Jakob, Hans Jakob, Jonas

Meckling, Robert Pietsch und Rike Schweizer mit zahlreichen Hinweisen und Anregungen unterstützt. Außerdem bin ich Carina Zimmermann dankbar für die Möglichkeit, dieses Buch veröffentlichen zu dürfen.

Michael Jakob

Inhaltsverzeichnis

Dr. Michael Jakob ist ein unabhängiger Forscher und Politikberater, der unter der Bezeichnung *Climate Transition Economics* aktiv ist. Er hat an der Technischen Universität Berlin in Wirtschaftswissenschaften promoviert und verfügt über Abschlüsse in Physik, Wirtschaft und internationalen Beziehungen von Universitäten in München, St. Gallen und Genf. Seine Forschungsinteressen umfassen den Klimaschutz in Entwicklungsländern, die politische Ökonomie der Klimapolitik sowie die Zusammenhänge zwischen Umweltpolitik und menschlichem Wohlergehen. Er hat rund 100 Beiträge in wissenschaftlichen Fachzeitschriften veröffentlicht und ist Autor und Herausgeber mehrerer Bücher. Außerdem hat er Regierungen, internationale Organisationen und Nichtregierungsorganisationen beraten und als Autor am Fünften Sachstandsbericht des Intergovernmental Panel on Climate Change mitgewirkt.

Einführung 1

Unser Planet erwärmt sich zunehmend und diese Erwärmung ist auf Treibhausgase zurückzuführen, die von Menschen verursacht werden. Das wichtigste Treibhausgas ist Kohlendioxid (CO_2), das durch die Verbrennung fossiler Energieträger – d. h. Kohle, Öl und Erdgas – entsteht. CO_2 kann auch durch Landnutzungsänderungen und in der Forstwirtschaft freigesetzt werden. Weitere Treibhausgase sind Methan, das in der Tierhaltung und beim Reisanbau entsteht, Lachgas aus der Nutzung von Düngemitteln sowie sogenannte *F-Gase* aus industriellen Prozessen.

In den letzten Jahren lag die globale Mitteltemperatur etwa 1,2 °C höher als in der vorindustriellen Ära, d. h. bevor die Menschheit begann, große Mengen an Treibhausgasen in die Atmosphäre freizusetzen (IPCC 2021). Wie in Abb. 1.1 gezeigt, sind die Temperaturen in den letzten Jahren deutlich schneller gestiegen als zuvor. Im Jahr 2024 betrug die globale Erwärmung sogar 1,6 °C, was dieses Jahr zum heißesten seit Beginn der Aufzeichnungen im Jahr 1850 machte.

Die globale Erwärmung führt zu verstärkten Extremwetterereignissen. Der Sommer 2025 hat eine Rekord-Hitzewelle in Südeuropa und zahlreiche Waldbrände mit sich gebracht. Langfristig führt der Temperaturanstieg auch zu einem massiven Verlust an arktischem Meereis und zu einer Verlangsamung der atlantischen Umwälzzirkulation. Höhere Temperaturen gehen oft auch mit häufigeren und schwereren Stürmen und Überschwemmungen einher, verschärfen den Wassermangel und verringern landwirtschaftliche Erträge. Der Klimawandel beeinträchtigt auch die Gesundheit, entweder direkt infolge von Hitze, oder weil sich Krankheitsüberträger, wie Mücken, verstärkt ausbreiten. Klimaextreme führen auch zu Migrationsbewegungen und Konflikte um zunehmend knappe Ressourcen gefährden die soziale Stabilität. Zusätzlich besteht die Befürchtung, dass Kipppunkte im Klimasystem überschritten werden, die irreversible Folgen mit sich

M. Jakob, *Gute Gründe für Klimaoptimismus*, essentials, https://doi.org/10.1007/978-3-658-50689-6_1

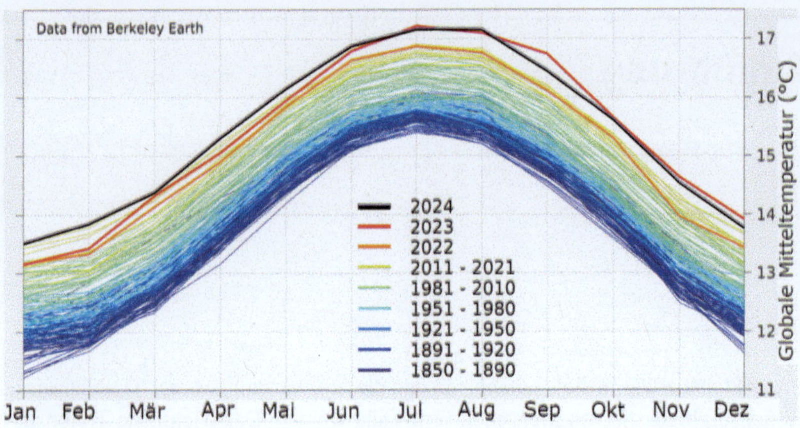

Abb. 1.1 Veränderungen der monatlichen globalen Mitteltemperatur im Zeitraum von 1850 bis 2024. (Quelle: Berkeley Earth (2025))

bringen, wie z. B. das Abschmelzen des Meereises in der Antarktis oder das Absterben des Amazonas-Regenwaldes.

Die zukünftigen Auswirkungen des Klimawandels hängen davon ab, wie schnell die globalen Treibhausgasemissionen abgesenkt werden können. Temperaturerhöhungen von 3 °C oder mehr würden das Klimasystem in einen Bereich bringen, in dem die Folgen für die Menschheit kaum absehbar wären. Wenn es gelingt, den Temperaturanstieg auf 1,5 °C zu begrenzen, sind die Risiken jedoch deutlich geringer. Selbst in diesem Fall wären negative Auswirkungen nicht zu vermeiden, aber der Spielraum für effektive Anpassungsmaßnahmen wäre deutlich größer (z. B. durch Verbesserungen in der Wasserversorgung und den Gesundheitssystemen, um diesen neuen Anforderungen gerecht zu werden).

Das Paris-Abkommen, das 2015 unterzeichnet wurde, verpflichtet die internationale Staatengemeinschaft, den Anstieg der globalen Mitteltemperatur bis zum Jahr 2100 auf „deutlich unter 2 °C" zu begrenzen und eine Stabilisierung bei 1,5 °C anzustreben. Dies ist ein gemeinsames Ziel, allerdings ohne verbindliche Reduktionsverpflichtungen für einzelne Länder. Regierungen sind angehalten, freiwillige Selbstverpflichtungen (*Nationally Determined Contributions*, NDCs) zur Minderung ihrer Emissionen abzugeben und auf deren Basis nationale Ziele und Maßnahmen zu entwickeln. Die bisher abgegebenen NDCs würden die Emissionen im Jahr 2030 in etwa auf ihrem derzeitigen Niveau stabilisieren, was nicht ausreicht, um die Ziele des Paris-Abkommens zu erreichen. Wie schnell Emissionen gesenkt werden müssen, hängt natürlich vom angestrebten Stabilisierungsziel ab.

Für 1,5 °C sind deutlich raschere Absenkungen nötig als für das 2 °C-Ziel. Modellrechnungen legen nahe, dass zum Erreichen des 1,5 °C-Ziels Netto-Null-CO_2-Emissionen bis zum Jahr 2050 erreicht werden müssen. Für andere Treibhausgase, die oft schwerer zu vermeiden sind, wäre Netto-Null bis etwa 2070 nötig. Das Ziel, Netto-Null-Treibhausgasemissionen zu erreichen, wird als Klimaneutralität bezeichnet.

Der Übergang zur Klimaneutralität schreitet nicht so schnell voran, wie es notwendig wäre. Trotz der gebotenen Dringlichkeit angesichts immer häufiger auftretender Klimaextreme steigen die globalen Treibhausgasemissionen weiter an. Zudem hat Klimaschutz in den vergangenen Jahren Gegenwind erfahren, insbesondere in den USA, wo die Trump-Regierung gezielt die Klimawissenschaft unterdrückt, den Ausbau erneuerbarer Energien bremst und gleichzeitig die Förderung fossiler Energieträger ausweitet. Aber auch in der EU, ein Vorreiter in Sachen Klimaschutz, mehren sich die Stimmen, die danach rufen, im Hinblick auf aktuelle Herausforderungen – wie dem Krieg in der Ukraine und dem Zollstreit mit den USA – beim Umstieg auf eine klimaneutrale Wirtschaft einen Gang zurückzuschalten.

Auch wenn diese Herausforderungen gewaltig erscheinen, gibt es ermutigende Entwicklungen in Sachen Klimaschutz. Ziel dieses Buchs ist es, den Blick auf diese zu richten und zu fragen, wie wir Klimaschutz in Bereichen voranbringen können, in denen wir noch hinterherhinken. Mit dieser Betrachtungsweise möchte ich die Leser:innen nicht in Sicherheit wiegen und behaupten, dass Bemühungen zum Klimaschutz bereits auf einem guten Weg sind. Stattdessen möchte ich betonen, dass wir trotz der immensen Herausforderungen, denen wir gegenüberstehen, noch die Möglichkeit haben, die nötigen Veränderungen auf den Weg zu bringen.

Ich hoffe, dass dieses Buch den Leser:innen Hoffnung gibt, dass es nicht zu spät ist, um etwas gegen den Klimawandel zu unternehmen und dass es sich lohnt, sich verstärkt für den Klimaschutz einzusetzen. Aufgrund der Kürze des Buchs konzentriere ich mich auf Emissionsminderungen, das Thema Anpassung wird – trotz seiner Wichtigkeit – hier nicht behandelt. Für eine umfangreichere Darstellung möchte ich geneigte Leser:innen auf die englischsprachige Langfassung (Jakob 2025), die als Open Access online erhältlich ist, verweisen.

Die nächsten drei Kapitel zeigen auf, welche technologischen, sozialen und politischen Entwicklungen Anlass für Optimismus geben. Das letzte Kapitel gibt einen Ausblick darauf, wie sich diese positiven Entwicklungen gegenseitig verstärken und somit den Übergang zur Klimaneutralität drastisch beschleunigen können.

Technologien 2

Technologien alleine sind sicher nicht ausreichend für erfolgreichen Klimaschutz. Aber unter den richtigen politischen, institutionellen und sozioökonomischen Bedingungen sind sie ein unverzichtbarer Baustein für einen Übergang zur Klimaneutralität. Erneuerbare Energien machen es möglich, Strom emissionsfrei zu erzeugen. Durch Elektrifizierung können dann Verkehr, Gebäude und die meisten Industriezweige effektiv dekarbonisiert werden. Und schließlich erlauben Technologien zur Kohlenstoffentnahme, Netto-Null-Emissionen zu erreichen, selbst wenn in manchen schwer zu dekarbonisierenden Bereichen noch Restemissionen auftreten.

2.1 Erneuerbare Energien und Speichertechnologien

Etwa zwei Drittel der globalen Treibhausgasemissionen stammen aus der Verbrennung von Kohle, Öl und Erdgas – die Hälfte davon aus der Stromerzeugung. Dort lassen sich diese fossilen Energieträger relativ leicht durch erneuerbare Energien ersetzen. Modellszenarien zeigen auf, dass bis Mitte des Jahrhunderts die weltweite Stromproduktion vollständig dekarbonisiert werden muss, um Klimaneutralität zu erreichen. Durch Elektrifizierung von Verkehr, Gebäuden und der Industrie können erneuerbare Energien auch einen wichtigen Beitrag zur Dekarbonisierung dieser Sektoren liefern. In diesem Sinne hat die internationale Staatengemeinschaft auf der COP28-Klimakonferenz 2023 das Ziel verabschiedet, bis 2030 die Produktion von Strom aus erneuerbaren Quellen zu verdreifachen.

In den vergangenen Jahren konnten erneuerbare Energien ein beeindruckendes Wachstum verzeichnen. 2023 wurden weltweit mehr als 600 Mrd. Euro in

© Der/die Autor(en), exklusiv lizenziert an Springer Fachmedien
Wiesbaden GmbH, ein Teil von Springer Nature 2026
M. Jakob, *Gute Gründe für Klimaoptimismus*, essentials,
https://doi.org/10.1007/978-3-658-50689-6_2

erneuerbare Energien investiert, gegenüber etwa 400 Mrd. Euro im Jahr 2019. Im Gegensatz dazu gehen die Investitionen in fossile Energieproduktion stetig zurück, im Jahr 2023 betrugen sie nur etwa 100 Mrd. Euro (IEA 2023). 2023 waren die zugebauten Kapazitäten für erneuerbare Energie 50 % höher als im Vorjahr und weltweit wurden mehr als 500 GW erneuerbare Kapazitäten installiert (mehr als die Hälfte davon in China). Weltweit betrachtet erzeugen erneuerbare Energien bereits jetzt mehr Strom als Atomkraft und haben kürzlich sogar Kohlekraftwerke überholt.

Aktuell stammen etwa 30 % der weltweiten Stromproduktion aus erneuerbaren Quellen. Laut Projektionen könnte Solarenergie schon ab 2030 die weltweit wichtigste Stromquelle sein. Mehr als die Hälfte der neuen Kapazitäten im Jahr 2023 waren Solaranlagen und etwa ein Viertel waren Windkraftanlagen. Diese beiden Technologien haben sich schneller als jede andere Stromquelle in der Geschichte der Menschheit entwickelt und sogar die optimistischsten Projektionen von Forschungsinstituten und internationalen Organisationen übertroffen. Die weit verbreitete Nutzung erneuerbarer Energien ist hauptsächlich auf massive Kostensenkungen zurückzuführen. Seit 2010 sind die Kosten für Solarpaneele um mehr als 90 % und die Kosten für Windturbinen um mehr als 80 % pro kW installierter Leistung gesunken. In Ländern mit viel Sonne und Wind sind erneuerbare Energien bereits oft billiger als konventionelle Energiequellen (IRENA 2023).

Zwar benötigt die Herstellung von erneuerbaren Energietechnologien, wie Solarzellen oder Windturbinen, Energie. Jedoch amortisiert sich dieser Energieeinsatz nach durchschnittlich ein bis drei Jahren. Technologien für erneuerbare Energien erzeugen somit im Laufe ihrer Lebensdauer von etwa 25 Jahren mehr als das Zehnfache der Energie, die zu ihrer Herstellung verwendet wurde (Pehl et al. 2017). Manchmal wird auch argumentiert, dass es nicht ausreichend Platz gibt, um all die Windturbinen und Solarzellen aufzustellen, die für ein klimaneutrales Energiesystem benötigt werden. Jedoch wären selbst in dicht besiedelten Gebieten ausreichend Flächen zur Erzeugung erneuerbarer Energien vorhanden. Je nach Region wird ihr Flächenbedarf auf zwischen 0,5 und 5 % der verfügbaren Landfläche geschätzt und liegt damit weit unter dem, was für landwirtschaftliche Zwecke genutzt wird (die etwa die Hälfte der globalen Landfläche beanspruchen) (van de Ven et al. 2021). Darüber hinaus könnten Fortschritte bei der Offshore-Windenergie die Landfläche, die für erneuerbare Energien benötigt wird, weiter reduzieren.

Um die günstigsten Potenziale für erneuerbare Energien mit den Nachfragezentren zu verbinden, müssen die Stromnetze erweitert werden, beispielsweise indem Solarstrom von Spanien nach Deutschland geleitet wird. Besser integrierte Stromnetze könnten auch dabei helfen, Engpässe auszugleichen. Sogenannte *smart-grids,* die es Verbraucher:innen erlauben, ihren Stromverbrauch in Zeiten von Knappheit zu verringern, würden die Integration erneuerbarer Energien weiter voranbringen und helfen, Engpässe in Zeiten, in denen die Sonne nicht scheint und nur wenig Wind weht, zu vermeiden.

Um überschüssigen Strom zu speichern und ihn in Zeiten hoher Nachfrage bereitzustellen, werden zusätzliche Stromspeicher benötigt. Aktuell wird dies in erster Linie durch Pumpspeicherkraftwerke erreicht, die Wasser bei niedrigen Strompreisen bergauf transportieren und ihr Reservoir in Zeiten hoher Preise zur Erzeugung von Wasserkraft nutzen. Eine weitere Option sind Batteriespeicher, die in den letzten Jahren ein starkes Wachstum verzeichnen. Im Jahr 2025 ist ihre globale Kapazität um mehr als 80 GW angestiegen und hat sich damit in etwa verdoppelt. Die zunehmende Verbreitung von Batteriespeichern ist größtenteils auf sinkende Preise aufgrund technischer Neuerungen und Skaleneffekten in der Produktion zurückzuführen, in den letzten 15 Jahren sind die Kosten für Stromspeicher um etwa 90 % gefallen.

Häufig werden Bedenken geäußert bezüglich des zunehmenden Bedarfs an kritischen Rohstoffen für die Batterieherstellung, u. a. Lithium, Nickel und Kupfer. Der Abbau dieser Materialien hat oft negative Auswirkungen auf Mensch und Natur in den Herkunftsländern. Darüber hinaus könnte die Tatsache, dass diese Rohstoffe in nur wenigen Ländern gefördert werden, gefährliche Abhängigkeiten schaffen, insbesondere angesichts steigender geopolitischer Spannungen. Allerdings sind die Produktion und der Import von fossilen Brennstoffen mit ähnlichen – und oft sogar schwerwiegenderen – Problemen behaftet, und das derzeitige Energiesystem bringt deutlich mehr Bergbau mit sich, als dies in einer Netto-Null-Wirtschaft der Fall wäre (Nijnens et al. 2023). Es ist auch nicht davon auszugehen, dass kritische Rohstoffe in absehbarer Zukunft zur Neige gehen. Sobald einmal eine ausreichende Menge kritischer Rohstoffe gefördert wurde, wird es dank Recycling möglich, die Batterieproduktion zu erhöhen, ohne dabei die Kapazitäten zur Förderung dieser Rohstoffe weiter ausweiten zu müssen. Auch benötigen neue Batterietechnologien (wie Natrium-Ionen- oder Festkörperbatterien) eine geringere Menge dieser kritischen Rohstoffe als die aktuell verwendeten Lithium-Ionen-Batterien.

Manche sehen Kernenergie als vielversprechende Quelle für emissionsfreien Strom an. Allerdings bringt diese Technologie zahlreiche Probleme mit sich. Neben dem Risiko von Unfällen und der offenen Frage der Endlagerung von Atommüll fallen auch die Kosten für Kernenergie deutlich höher aus als die für erneuerbare Energien. Darüber hinaus ergänzen sich Kernenergie und erneuerbare Energien, deren Verfügbarkeit über die Zeit variiert (wie Wind- und Solarenergie) technisch nicht gut. Auch Erdgas, welches lange als emissionsarme ‚Brückentechnologie‘ angepriesen wurde, kann nur eine untergeordnete Rolle im Energiesystem der Zukunft spielen. Dies liegt in erster Linie daran, dass Erdgas, das bei der Förderung und beim Transport in die Atmosphäre entweicht, selbst ein starkes Treibhausgas ist und somit de facto eine vergleichbare Klimawirkung wie Kohle oder Erdöl hat.

2.2　Verkehr

Der Verkehrssektor ist für etwa 15 % der globalen Treibhausgasemissionen verantwortlich, in erster Linie verursacht durch Erdölprodukte, wie Benzin und Diesel. Der größte Teil der Verkehrsemissionen stammt aus dem Straßenverkehr, insbesondere von Pkw. In den vergangenen Jahrzehnten sind weltweit betrachtet die Emissionen im Verkehr stärker angestiegen als in den meisten anderen Sektoren. In der EU wurden in den letzten 20 Jahren zwar insgesamt eindrucksvolle Emissionsminderungen erzielt, im Verkehr sind die Emissionen aber sogar weiter angestiegen. In Deutschland bewegen sie sich seit Langem auf einem in etwa konstantem Niveau. Daher galt der Verkehr lange Zeit als einer der Sektoren, für welche die Dekarbonisierung besonders herausfordernd ist. Dies hat sich vor Kurzem geändert, da Elektrofahrzeuge aufgrund drastischer Kostensenkungen für Batterien zunehmend attraktiv werden. Darüber hinaus kann ein Elektroauto wegen der niedrigeren Betriebskosten über seine gesamte Lebensdauer betrachtet gegenüber einem Fahrzeug mit Verbrennungsmotor einige Tausend Euro einsparen – zumindest für diejenigen, die die höheren Anschaffungskosten stemmen können. In einigen Ländern sind Elektrofahrzeuge bereits ohne staatliche Unterstützung wettbewerbsfähig.

Bessere Batterietechnologien ermöglichen es, auch längere Strecken am Stück zurückzulegen, sodass die Reichweite kein Argument mehr gegen ein Elektrofahrzeug ist. Die meisten Elektroautos schaffen heute mit einer Ladung 500 km oder mehr. Schnellladestationen an wichtigen Verkehrsknotenpunkten ermöglichen es darüber hinaus, eine Fahrzeugbatterie fast genauso schnell aufzuladen, wie es dauert, den Tank eines herkömmlichen Fahrzeugs zu füllen. So hat beispielsweise der chinesische Hersteller BYD kürzlich ein Auto vorgestellt, das innerhalb von fünf Minuten soweit geladen werden kann, dass es 400 km zurücklegen kann.

Immer mehr Menschen denken darüber nach, sich ein Elektroauto anzuschaffen. Bei einer Umfrage der Europäischen Investitionsbank gaben zwei Drittel der Befragten aus der EU an, dass ihr nächstes Auto elektrisch sein würde (entweder rein batteriebetrieben oder hybrid) (EIB 2024). Die zunehmende Attraktivität von Elektrofahrzeugen schlägt sich auch bereits deutlich in den Verkaufszahlen nieder. Der Absatz von Elektroautos hat sich in den vergangenen 10 Jahren verfünfzigfacht. Während im Jahr 2013 weltweit etwa 200.000 Elektroautos verkauft wurden, waren es 2023 fast 15 Mio. (siehe Abb. 2.1), zwei Drittel davon rein batteriebetrie-

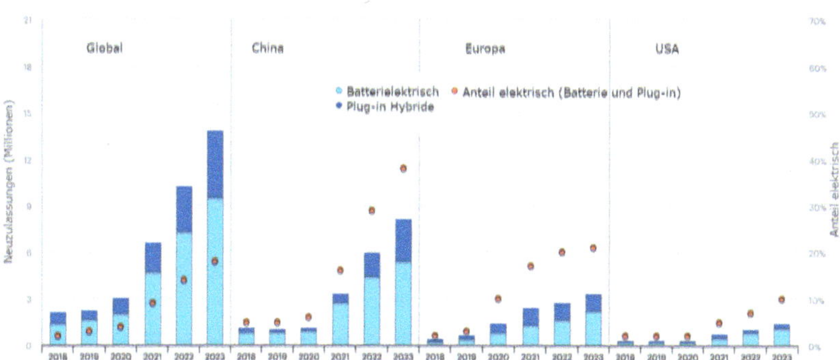

Abb. 2.1 Anzahl der neu zugelassenen Elektrofahrzeuge im Jahr 2023 weltweit, in China, in Europa und in den USA sowie ihr jeweiliger Marktanteil. (Quelle: IEA (2023))

ben und das verbleibende Drittel Plug-in-Hybride. Etwa 18 % aller neu zugelassenen Autos auf der Welt waren elektrisch. Obwohl Elektromotoren für Lkw aufgrund des ungünstigeren Verhältnisses von Fahrzeuglast zu benötigtem Batteriegewicht weniger attraktiv sind als für Pkw, wächst auch der Marktanteil elektrischer Lkw rasch. Demonstrationsprojekte haben gezeigt, dass batteriebetriebene Flugzeuge für den Kurzstreckenverkehr möglich sind und auch batteriebetriebene Schiffe erscheinen eine gangbare Option.

In einigen Ländern haben Elektroantriebe den Verbrennungsmotor bereits überholt. In Norwegen, einem Vorreiter in Sachen Elektromobilität, wurden in diesem Jahr fast nur noch elektrische Pkw neu zugelassen. Und auch in China, wo ca. die Hälfte des weltweiten Umsatzes in Sachen Elektromobilität stattfindet, wurden im Jahr 2024 mehr Elektrofahrzeuge als Fahrzeuge mit Verbrennungsmotor verkauft. Gleichzeitig sinkt der globale Absatz von Fahrzeugen mit Verbrennungsmotoren stetig und lag 2023 etwa 23 % unter dem Allzeithoch im Jahr 2017. Laut Prognosen der Internationalen Energieagentur IEA könnten diese Entwicklungen dazu führen, dass ab Mitte der 2030er-Jahre mehr elektrische Fahrzeuge als solche mit Verbrennungsmotor auf den Straßen unterwegs sein werden.

Die Herstellung von Elektrofahrzeugen benötigt mehr Energie als die eines herkömmlichen Fahrzeugs mit Verbrennungsmotor. Allerdings führt die deutlich höhere Effizienz des Elektromotors dazu, dass sich dieser Energieeinsatz nach ca. 20.000 gefahrenen Kilometern amortisiert, was weniger als zwei Jahren Nutzung entspricht (Evans 2023). Mit der aktuellen Kohlenstoffintensität der Stromerzeugung in der EU würde ein Elektroauto über seine gesamte Lebensdauer hinweg etwa zwei Drittel weniger emittieren als ein Fahrzeug mit Verbrennungsmotor, bei vollständig dekarbonisierter Stromerzeugung wären die Emissionsminderungen sogar noch deutlich höher (Bieker 2021). Elektroautos können auch dazu beitragen, die Flexibilität des Stromnetzes zu erhöhen, indem der in den Batterien gespeicherte Strom ins Netz eingespeist werden kann wenn die Fahrzeuge nicht in Gebrauch sind.

Kohlenstoffarme Kraftstoffe, wie nachhaltig erzeugte Biokraftstoffe oder sogenannte *E-Fuels* auf Basis von Wasserstoff, der mit erneuerbarer Energie erzeugt wurde, könnten ebenfalls helfen, Verkehrsemissionen zu mindern. Allerdings sind diese Kraftstoffe deutlich teurer als ein Umstieg zur Elektromobilität. Daher werden alternative Kraftstoffe wohl nur für Nischenanwendungen, in denen es keine gangbaren Optionen zur Elektrifizierung gibt, von Interesse sein, insbesondere im Flug- und Schiffsverkehr.

Die Dekarbonisierung des Verkehrssektors ist keine rein technische Aufgabe. Vielmehr ist eine intelligente Kombination unterschiedlicher Vermeidungsoptionen notwendig. Dazu zählen Verhaltensänderungen, wie der Umstieg vom Auto auf den öffentlichen Verkehr sowie Rad- und Fußverkehr, unterstützt durch neuartige Ansätze für nachhaltige Stadtplanung. Solche Veränderungen wären nicht nur für das Klima von Vorteil, sondern würden auch andere wichtige Probleme der autozentrierten Mobilität, wie Staus, Unfälle und lokale Luftverschmutzung, abmildern. Dennoch scheint ein nahezu vollständiger Ausstieg aus dem auto wenig realistisch, insbesondere wenn dies schnell genug erfolgen soll, um gegen Mitte des Jahrhunderts Klimaneutralität zu erreichen. Die Elektrifizierung des Verkehrs ist somit zwar kein Allheilmittel für die Verkehrswende, aber doch ein zentraler Baustein.

2.3   Gebäude

Das Heizen von Gebäuden macht ca. 8 % der globalen Treibhausgasemissionen aus. Klimaneutralität erfordert daher alternative Quellen, um Gebäudewärme zu erzeugen. Die vielversprechendste Alternative zu Öl- und Gasheizungen ist die Wärmepumpe. Eine Wärmepumpe nutzt Strom, um Wärme von einem kühleren zu einem wärmeren Ort zu übertragen (dasselbe Prinzip kommt bei Klimaanlagen und Kühlschränken zum Einsatz, nur umgekehrt). Derzeit werden Wärmepumpen hauptsächlich für freistehende Gebäude eingesetzt. Größere Versionen könnten aber auch Fernwärme erzeugen (diese stammt aktuell meist noch aus der Abwärme von fossilen Kraftwerken, welche in einem klimaneutralen Energiesystem nicht mehr zur Verfügung stehen wird). Die Wärmepumpe hat einen doppelten Nutzen für den Klimaschutz. Erstens ist sie, da sie thermische Energie aus ihrer Umgebung entnimmt und diese nicht selbst erzeugt, zwei bis drei Mal effizienter als herkömm-

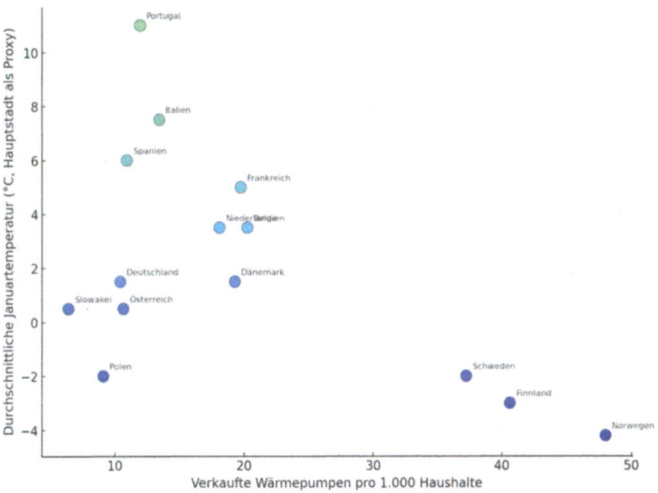

Abb. 2.2 Verbreitung von Wärmepumpen und durchschnittliche Januartemperaturen in ausgewählten europäischen Ländern. (Quelle: Eigene Darstellung basierend auf Daten von EPHA (2024))

liche fossile Heizungen. Zweitens kann der für eine Wärmepumpe benötigte Strom relativ kostengünstig aus erneuerbaren Energien gewonnen werden, ohne dass dabei Treibhausgasemissionen entstehen. Da Wärmepumpen auch zur Kühlung eingesetzt werden können, leisten sie zudem einen Beitrag zur Anpassung an höhere Temperaturen.

Viele Länder haben Maßnahmen eingeführt, um den Ausbau von Wärmepumpen zu beschleunigen. Norwegen, Schweden, Dänemark und Finnland haben Ölheizungen in neuen Gebäuden verboten und in den Niederlanden ist es nicht erlaubt, Neubauten an das Gasnetz anzuschließen. Mehr als 30 Länder, die zusammen für mehr als 70 % des globalen Bedarfs an Heizwärme verantwortlich sind, haben Förderprogramme für Wärmepumpen. Diese zielen darauf ab, bis 2030 bereits etwa 20 % des globalen Heizbedarfs mit Wärmepumpen zu decken (aktuell sind es etwas mehr als 10 %). Wie in Abb. 2.2 gezeigt, werden in Finnland, Norwegen und Schweden relativ zur Bevölkerung die meisten Wärmepumpen installiert. Dies widerlegt die Befürchtung, dass diese Technologie in kalten Regionen nicht zuverlässig funktionieren. In jedem der drei genannten Länder nutzen bereits mehr als 40 % aller Haushalte eine Wärmepumpe.

Die Verwerfungen auf den internationalen Gasmärkten infolge Russlands Invasion der Ukraine führten zu einem starken Anstieg neu installierter Wärmepumpen.

Im Jahr 2022 stiegen die weltweiten Verkaufszahlen gegenüber dem Vorjahr um etwa 13 %. In der EU betrug der Anstieg 35 % und in Italien und Polen sogar mehr als 60 % (Carbon Brief 2024). Wenn die Preise für Erdgas hoch sind, kann ein Umstieg auf eine Wärmepumpe bereits jetzt Heizkosten langfristig senken, da höhere Investitionskosten durch geringere laufende Kosten mehr als wettgemacht werden. Massenproduktion, technologische Neuerungen und mehr Erfahrung in Bezug auf Installation und Wartung werden die Preise von Wärmepumpen weiter senken. Zusätzlich bieten Maßnahmen, die klimafreundliches Verhalten belohnen (wie zum Beispiel ein CO_2-Preis), weitere Anreize für den Umstieg auf eine Wärmepumpe.

Theoretisch wäre es auch möglich, ‚grünen' (d. h. aus erneuerbaren Energiequellen produzierten) Wasserstoff als emissionsfreien Energieträger zum Heizen zu verwenden. Allerdings erfordert die Produktion von grünem Wasserstoff viel Strom. Daher ist diese Option deutlich weniger effizient und in etwa dreimal so teuer wie das Heizen mit einer Wärmepumpe und es ist nicht davon auszugehen, dass grüner Wasserstoff bei der Dekarbonisierung des Gebäudesektors zum Einsatz kommen wird.

Eine weitere zentrale Stellschraube für die Reduktion von Emissionen ist die Energieeffizienz – insbesondere bessere Isolierung. So verlangt die EU in ihrer überarbeiteten Richtlinie zur Energieeffizienz von Gebäuden von den Mitgliedstaaten, dass sie Sanierungspläne entwickeln, um klimaneutrale Gebäuden zu ermöglichen. Weltweit haben rund 80 Länder Vorschriften zur Energieeffizienz von Gebäuden erlassen und mehr als 30 Regierungen in Schwellen- und Entwicklungsländern arbeiten aktuell solche Regularien aus. Die weltweiten Investitionen in die Energieeffizienz von Gebäuden sind in den letzten Jahren erheblich angestiegen, von weniger als 150 Mrd. Euro im Jahr 2015 auf etwa 215 Mrd. Euro im Jahr 2022 (IEA 2022). In Ländern, in denen viel neu gebaut wird, ist das Potenzial für energieeffizientes Bauen besonders hoch, da dies kostengünstiger ist als bestehende Gebäude nachzurüsten. Trotzdem gibt es auch neuartige Technologien, um in Ländern mit einem hohen Bestand an Gebäuden die Energieeffizienz durch Nachrüstung zu steigern.

Ein weiterer wichtiger Faktor für die Auswirkung von Gebäuden auf das Klima ist die Nutzung von Stahl und Zement beim Bau. Die Herstellung dieser beiden Grundstoffe ist eine der größten Quellen von Treibhausgasemissionen weltweit. Technische Innovationen, um die Produktion dieser Baustoffe zu dekarbonisieren, können entscheidende Beiträge zur Emissionsminderung im Gebäudesektor leisten. Auch alternative Baustoffe machen erhebliche Emissionsminderungen möglich. Beispielsweise wird Holz als nachhaltige Alternative zu Zement und Stahl zunehmend attraktiv. Da Pflanzen im Laufe ihres Wachstums Kohlenstoff aus der Atmosphäre aufnehmen, könnte Holzbau sogar dazu beitragen, Treibhausgase aus der Atmosphäre zu entfernen. In der EU ist die Initiative *Neues Europäisches Bauhaus* ein gutes Beispiel dafür, wie Klimapolitik in ein gesamtheitliches Nachhaltigkeitskonzept für lebenswerte Räume eingebettet werden kann. In dieser Initiative arbeiten u. a. Architekt:innen, Künstler:innen und Designer:innen zusammen, um den Gebäudesektor auf neue gesellschaftliche Anforderungen vorzubereiten.

2.4 Industrie

Treibhausgase aus der industriellen Produktion sind für fast ein Viertel der globalen Emissionen verantwortlich (durch die Nutzung fossiler Quellen zur Energieproduktion und sogenannte Prozessemissionen, die u. a. in der chemischen Industrie und der Zementherstellung anfallen). Wenn man noch die Emissionen von Strom hinzuzählt, der von der Industrie verbraucht wird, beträgt der Anteil der Industrie an den globalen Emissionen sogar mehr als ein Drittel. Grundstoffe machen den größten Anteil dieser Emissionen aus. Eisen und Stahl sind für etwa 7 % der weltweiten Emissionen verantwortlich, Zement für fast 5 % und Kunststoffe (inklusive ihrer Entsorgung) für mehr als 4 %.

Elektrifizierung bietet das größte Potenzial für die Dekarbonisierung des Industriesektors. Ein beträchtlicher Anteil der Emissionen in der Industrie rührt von Prozesswärme her, die durch fossile Energieträger erzeugt wird. Wärmepumpen und Elektroöfen, die beide mit erneuerbarem Strom betrieben werden können, erreichen Temperaturen von bis zu 400 °C. Dies reicht aus für die Herstellung der meisten Lebensmittel und Getränke sowie für Textilien, Zellstoff und Papier. In Regionen mit starker Sonneneinstrahlung kann zudem Solarthermie Niedertemperaturwärme von bis zu 200 °C liefern. Für höhere Temperaturen (z. B. zur Herstellung von Glas und Keramik) eignen sich elektrische Lichtbogen-, Induktions- oder Widerstandsöfen.

Dank dieser Technologien könnten bis 2035 etwa 90 % der industriellen Prozesswärme in der EU dekarbonisiert werden (siehe Abb. 2.3), was die Emissionen der EU-Industrie um fast 80 % senken würde. Die Herstellung von Lebensmitteln, Zellstoff und Papier, Chemikalien und nichtmetallischen Mineralien könnte bereits bis spätestens 2035 vollständig elektrifiziert werden. Für andere Bereiche, wie die Stahlindustrie, birgt die Elektrifizierung größere Herausforderungen. Nichtsdestotrotz könnten auch diese Bereiche mit grünem Wasserstoff (der per Elektrolyse mit Strom aus erneuerbaren Quellen erzeugt wurde) oder nachhaltig produzierter Biomasse (z. B. Holzpellets) vollständig dekarbonisiert werden. Allerdings ist das Potenzial für nachhaltig produzierte Bioenergie begrenzt und grüner Wasserstoff wird sehr wahrscheinlich auf absehbare Zeit teuer bleiben. Auch die Kohlenstoff-

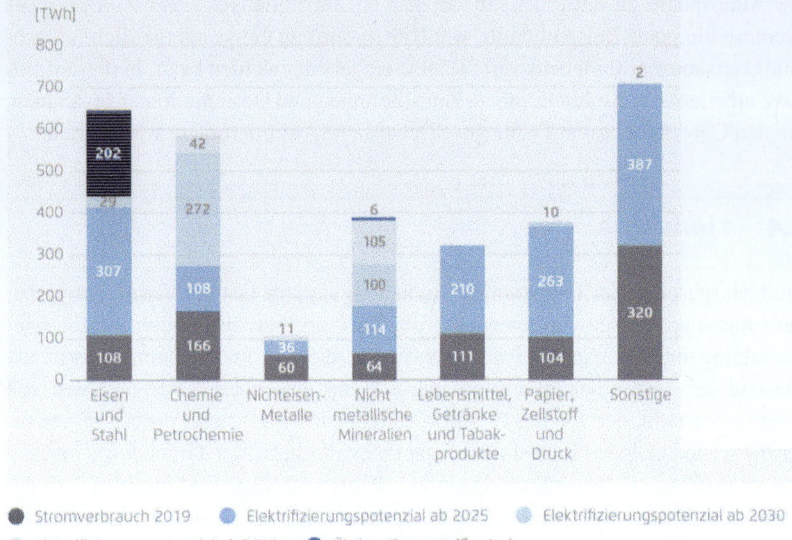

Abb. 2.3 Potenziale zur Elektrifizierung verschiedener Industriezweige. Die unterste Säule zeigt den aktuellen Strombedarf, die darüberliegenden Säulen die Potenziale zur Elektrifizierung in kommenden Jahren sowie den verbleibenden Brennstoffbedarf für Anwendungen, die nicht auf Strom umsteigen können. (Quelle: Agora Industry (2024))

abscheidung und -speicherung (*Carbon Capture and Sequestration,* CCS), die es erlaubt, weiterhin fossile Energieträger zu nutzen und die entstehenden Treibhausgase einzufangen und sie dann entweder zu nutzen oder in unterirdischen geologischen Reservoirs zu speichern, wird wahrscheinlich nur in Nischenanwendungen eine Rolle spielen. CCS ist aufgrund hoher Kosten nur in Bereichen attraktiv, in denen Elektrifizierung kein gangbarer Weg ist, und öffentlicher Widerstand gegen diese Technologie könnte den Einsatz von CCS noch weiter erschweren.

Eine große Chance, um Industrieemissionen zu vermeiden, besteht darin, den Bedarf an energieintensiven Grundstoffen zu senken. Eine Kreislaufwirtschaft begünstigt die Wiederverwendung und das Recycling von Grundstoffen, da sie die Umweltauswirkungen eines Produkts über dessen gesamten Lebenszyklus berücksichtigt (d. h. von der Herstellung über die Nutzung bis hin zur Entsorgung). Es wird geschätzt, dass bisher weniger als 10 % der globalen Wirtschaft diesen Anforderungen genügen und dass eine Kreislaufwirtschaft die

Treibhausgasemissionen aus der Industrie um fast 40 % senken könnte (Circle Economy Foundation 2024).

Stahl wird bereits in vielen Fällen wiederverwendet. Da für das Recycling von Stahlschrott mit Elektrolichtbogenöfen erheblich weniger Energie benötigt wird, ist diese Option billiger als die Primärstahlproduktion aus Eisenerz (selbst wenn man Vorteile für die Umwelt nicht mit einrechnet). Zusätzlich lassen sich Elektrolichtbogenöfen leicht mit Strom aus erneuerbaren Quellen dekarbonisieren. Weltweit werden etwas mehr als 25 % des Stahls nach Gebrauch recycelt, in den USA sogar mehr als 70 %. In Zukunft könnten für Stahl Recyclingquoten von 80 % bis 95 % erreicht werden. Auch für Aluminium ist Recycling weit verbreitet, ca. 75 % des jemals produzierten Aluminiums sind heute noch in Gebrauch. Beton hingegen wird noch nicht recycelt, aber auch hier gibt es vielversprechende Ansätze. Welche Rolle Recycling spielen wird, hängt natürlich auch davon ab, welche finanziellen Anreize für die Vermeidung von Emissionen die Politik setzt. Grundstoffe zu recyclen hat zusätzliche Vorteile, wie z. B. die Vermeidung von Abfall. In einigen Ländern machen Baustoffe bis zu 80 % des Müllaufkommens aus. Dies könnte in einer Kreislaufwirtschaft erheblich reduziert werden. Ferner könnte Recycling helfen, Ressourcenknappheit und Importabhängigkeit für kritische Rohstoffe abzumildern. Beispielsweise liegt die Wiederverwendungsquote für die meisten Materialien in Lithium-Ionen-Batterien bereits jetzt bei rund 80 % und es erscheint machbar, diese auf bis zu 95 % zu erhöhen.

Für die meisten Industriezweige wird ein breiter Strauß an Strategien für eine vollständige Dekarbonisierung erforderlich sein. Zum Beispiel kann die Herstellung von Kunststoffen durch eine Kombination von mechanischem und chemischem Recycling, erhöhter Biomassenutzung und CCS für die noch verbleibenden Emissionen dekarbonisiert werden. Auch effizientes Design (das darauf abzielt, Produkte so zu gestalten, dass ihre Rohstoffe leicht zurückgewonnen werden können, sie leicht repariert werden können oder eine lange Lebensdauer haben) kann helfen, Grundstoffe effizienter zu nutzen. Ebenso kann der Ansatz einer ‚sharing economy‘, die die geteilte Nutzung von Produkten anstrebt, den Ressourcenverbrauch senken.

Die Politik kann den Übergang zu einer Kreislaufwirtschaft unterstützen, indem sie Unternehmen verpflichtet, Informationen über Materialflüsse entlang der gesamten Lieferkette eines Produkts zur Verfügung zu stellen. Auch gibt es in immer mehr Ländern Vorgaben zum ‚Ökodesign‘, das darauf abzielt, Produkte über ihren gesamten Lebenszyklus hinweg nachhaltig zu machen. Etwa ein Drittel der Unterzeichner des Pariser Abkommens haben das Konzept der Kreislaufwirtschaft in ihre NDCs aufgenommen. Dieser Schritt hin zu nationalen Strategien für eine

Kreislaufwirtschaft kann einen wertvollen Beitrag leisten, um Emissionen zu senken.

2.5   Kohlenstoffentnahme aus der Atmosphäre

Um die Ziele des Paris-Abkommens zu erreichen, sind bis Mitte des Jahrhunderts Netto-Null-CO_2-Emissionen nötig. Nach 2050 kann zwar immer noch CO_2 emittiert werden, beispielsweise in einigen schwer zu dekarbonisierenden Bereichen wie der Luftfahrt oder der Landwirtschaft. Diese ‚Restemissionen' müssen dann aber wieder aus der Atmosphäre genommen und dauerhaft in sicheren Lagerstätten gespeichert werden. Kohlenstoffentnahme (*Carbon Dioxide Removal,* CDR) kann dabei helfen, die ambitionierten Klimaziele des Paris-Abkommens zu erreichen. Die meisten Modellszenarien, die Pfade zur Erreichung des 1,5 °C-Ziels aufzeigen, gehen davon aus, dass ab den 2070er-Jahren ‚netto-negative' Emissionen erreicht werden müssen, um überschüssige Emissionen aus den Vorjahren auszugleichen. In diesen Szenarien werden dann also mehr Treibhausgase aus der Atmosphäre entfernt als emittiert werden.

Auch wenn CDR kein Ersatz für rasche Emissionsminderungen ist, kann es doch die Versäumnisse der Vergangenheit zumindest teilweise kompensieren. Es gibt viele Möglichkeiten, um ‚negative Emissionen' zu bewerkstelligen. Ansätze wie Aufforstung und landwirtschaftliche Praktiken, die Kohlenstoff in Böden speichern, können relativ einfach umgesetzt werden. Diese Methoden sind in der Lage, etwa 10 $GtCO_2$ pro Jahr aus der Atmosphäre zu entfernen (dies entspricht in etwa einem Fünftel der jährlichen Emissionen weltweit). Dieses Potenzial ist zwar beträchtlich, erreicht jedoch nicht die in den meisten Szenarienrechnungen projizierten negativen Emissionen, die für das 1,5 °C-Ziel benötigt werden. Außerdem gibt es Bedenken, ob diese natürlichen Lösungen in der Lage sind, Kohlenstoff wirklich dauerhaft zu speichern. So können beispielsweise gepflanzte Wälder in späteren Jahren wieder abgeholzt werden und auch der in Böden gespeicherte Kohlenstoff könnte wieder in die Atmosphäre gelangen, wenn die entsprechenden Maßnahmen nicht dauerhaft aufrechterhalten werden. Zusätzlich besteht die Gefahr, dass diese Ansätze landwirtschaftliche Flächen verknappen und damit die Ernährungssicherheit beeinträchtigen.

CO_2 kann auch durch beschleunigte Verwitterung aus der Atmosphäre entzogen werden. Hierbei reagiert der Kohlenstoff aus der Luft mit Silikatgesteinen (wie z. B. Basalt) und wird dadurch dauerhaft in chemischen Verbindungen wie Calciumcarbonat gespeichert. Dieser natürliche Vorgang ist Teil des langfristigen Kohlenstoffkreislaufs. Wenn Silikatgestein gemahlen und ausgebreitet wird, kann dieser Prozess stark beschleunigt werden. Die beschleunigte Verwitterung hat praktisch keine unerwünschten Nebenwirkungen und kann zu relativ moderaten Kosten umgesetzt werden. Allerdings ist ihr Potenzial mit etwa zwei bis vier $GtCO_2$ eher gering. Um natürliche Prozesse, in denen Kohlenstoff gebunden wird, zu beschleunigen, könnte man auch die Ozeane mit Nährstoffen (wie z. B. Eisen) düngen und damit das Algenwachstum beschleunigen. Da diese Option allerdings erhebliche Risiken, insbesondere in Bezug auf Nahrungsketten in den Ozeanen birgt, hat sie bisher kaum Unterstützung aus Wissenschaft und Politik erfahren.

Wenn man Biomasse (die während des Pflanzenwachstums CO_2 absorbiert hat) zur Energieerzeugung verbrennt und das dabei entstehende CO_2 abscheidet und in unterirdischen Reservoirs dauerhaft speichert, wird der Atmosphäre CO_2 entzogen. Biomasse in Verbindung mit CCS (das verhindert, dass das CO_2 aus der Verbrennung wieder in die Atmosphäre gelangt) könnte pro Jahr bis zu fünf $GtCO_2$ an negativen Emissionen ermöglichen. Eine große Herausforderung dieses Ansatzes besteht jedoch darin, mögliche Landnutzungskonkurrenz mit der Nahrungsmittelproduktion zu vermeiden und den Schutz gefährdeter Ökosysteme sicherzustellen (Deprez et al. 2024). Biomasse der ‚zweiten Generation‘ aus landwirtschaftlichen und forstwirtschaftlichen Abfällen sowie Biomasse der ‚dritten Generation‘ aus Algen würde diese Herausforderungen vermeiden. Sie hätte aber ein deutlich geringeres Potenzial zur Kohlenstoffentnahme als der Anbau von Bioenergiepflanzen.

Die direkte Luftabscheidung (*Direct Air Capture,* DAC) nutzt chemische Prozesse, um Treibhausgase aus der Umgebungsluft zu filtern und dauerhaft zu speichern, z. B. in geologischen Reservoirs. Die Risiken von DAC sind deutlich geringer als die anderer Optionen zur Entnahme von Treibhausgasen aus der Atmosphäre. Die hohen Kosten dieser Technologie stellen wahrscheinlich die größte Hürde für ihre weitreichende Anwendung dar. Zwar haben einige Pilotprojekte gezeigt, dass DAC technisch möglich ist, allerdings zu deutlich höheren Kosten als andere Ansätze zur Kohlenstoffentnahme. Die Kostensenkungen, die bei erneuerbaren Energien und Speichertechnologien erzielt wurden, sind ein ermutigendes Beispiel für technologisches Lernen. Allerdings gibt es keine Garantie, dass vergleichbare Kostensenkungen für DAC möglich sind. Expert:innen gehen davon aus, dass im Jahr 2050 die Kosten von DAC immer noch deutlich über 200 Euro pro Tonne CO_2 liegen werden (Sievert et al. 2024). Damit würde sich DAC wohl nur schwer gegen kostengünstigere Technologien zur Kohlenstoffentnahme durchsetzen.

Obwohl Kohlenstoffentnahme unverzichtbar ist, um ambitionierte Klimaschutzziele erreichen zu können, wäre es unklug, die Dekarbonisierung hinauszuzögern und stattdessen in erster Linie auf negative Emissionen in der Zukunft zu setzen. Die Menge an Kohlenstoff, die sicher aus der Atmosphäre entnommen werden kann, ist begrenzt und die großflächige Nutzung von CDR ist momentan noch eine rein theoretische Option. Darüber hinaus führen Emissionspfade, die ein bestimmtes Temperaturziel am Ende des Jahrhunderts unter Zuhilfenahme von CDR erreichen, dazu, dass die globale Mitteltemperatur vorübergehend das Stabilisierungsziel übersteigt. Dies würde zu stärkeren Klimaschäden führen als wenn die Temperaturen immer unter der Schwelle blieben. Emissionen *jetzt* zu vermeiden ist auch wesentlich kostengünstiger als sie später der Atmosphäre zu entziehen. Darüber hinaus haben viele CDR-Technologien erhebliche soziale und ökologische Risiken. Dies könnte zu öffentlichem Widerstand führen, der die Kohlenstoffentnahme erschwert, selbst für die wenig riskanten Ansätze.

Gesellschaft 3

Immer mehr Menschen setzen sich aktiv für den Klimaschutz ein, beispielsweise indem sie ihre Lebensweise nachhaltiger gestalten, sich politisch engagieren oder vor Gericht ziehen, um von ihren Regierungen ambitioniertere Klimaziele zu fordern. Klima rückt auch in Medien, Kunst und Kultur immer stärker ins öffentliche Bewusstsein. Klimaschutz ist schon lange kein Nischenthema für ökologisch Interessierte mehr, sondern wird von weiten Teilen der Gesellschaft unterstützt.

3.1 Bewusstsein für den Klimawandel und nachhaltige Lebensstile

Weltweit erkennen immer mehr Menschen die Gefahren des Klimawandels und die Notwendigkeit, etwas zu unternehmen. Eigene Erfahrungen mit Klimaextremen, wie Hitzewellen und Waldbränden, machen die Bedrohung durch den Klimawandel greifbar und erhöhen die öffentliche Unterstützung für Klimaschutzmaßnahmen.

In einer Umfrage in 15 Ländern, die zu den weltweit größten Emittenten von Treibhausgasen gehören (allerdings aufgrund von Datenbeschränkungen ohne China, Russland und dem Iran) wurden Einstellungen zum Klimawandel ermittelt, in einem Spektrum von ‚alarmiert' bis ‚ablehnend'. Die in Abb. 3.1 dargestellten Ergebnisse zeigen deutlich, dass sogar in Saudi-Arabien, das den niedrigsten Anteil an alarmierten oder besorgten Antworten aufwies, die Hälfte der Befragten den Klimawandel als ernste Bedrohung ansehen, in Mexiko waren sogar 88 % der Befragten alarmiert oder besorgt. Befragte, die sich ‚zweifelnd' oder gar ‚ablehnend' gegenüber dem Thema Klimawandel äußern, stellten eine klare Minderheit dar, zwischen 3 % in Mexiko und 22 % in den USA. Die Umfrage ergab auch, dass das

© Der/die Autor(en), exklusiv lizenziert an Springer Fachmedien Wiesbaden GmbH, ein Teil von Springer Nature 2026
M. Jakob, *Gute Gründe für Klimaoptimismus*, essentials,
https://doi.org/10.1007/978-3-658-50689-6_3

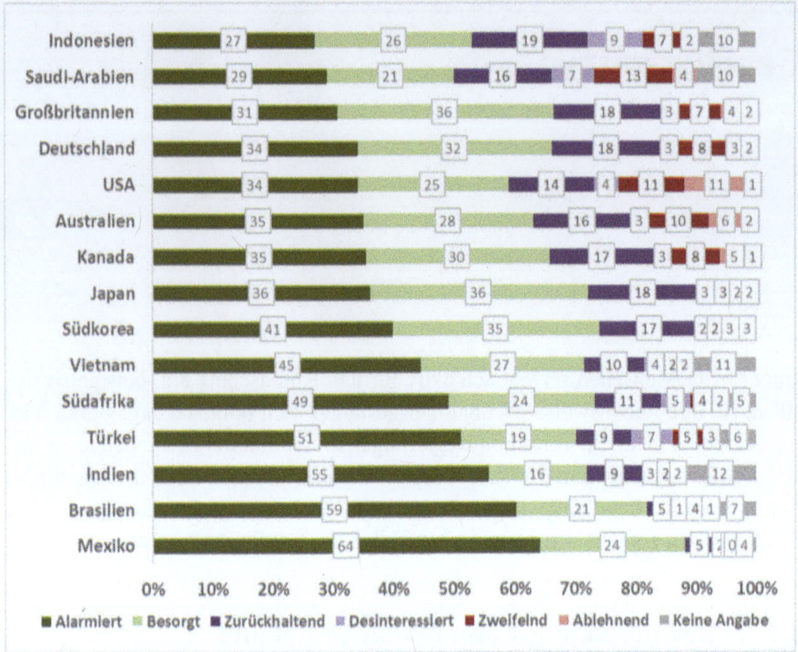

Abb. 3.1 Einstellungen zum Klimawandel in verschiedenen Ländern. (Quelle: Eigene Darstellung basierend auf Daten des Yale Program on Climate Change Communication (2023))

Wissen über Klimafragen weltweit zunimmt und in fast allen Ländern die Mehrheit der Befragten den Klimawandel auf menschliche Aktivitäten zurückführt. Aus diesem Grund befürwortet die Mehrheit, dass ihr Heimatland seine Emissionen senken sollte – einige davon sprechen sich für bedingungslose Emissionsminderungen aus, während andere denken, dass ihr Land nur handeln sollte, wenn andere dies auch tun.

Entscheidungsträger:innen können breite Unterstützung für Klimaschutzmaßnahmen erreichen, indem sie die positiven Aspekte einer klimaneutralen Wirtschaft betonen. Dazu zählen u. a. eine verringerte Abhängigkeit von Öl- und Gasimporten sowie weniger Luftverschmutzung als Folge eines Ausstiegs aus den fossilen Brennstoffen. Außerdem sind Menschen eher bereit, Klimaschutzmaßnahmen zu unterstützen, wenn sie diese als wirksam erachten. Lernerfahrungen in Bezug auf die Frage, was funktioniert und was nicht, erlaubt es, Maßnahmen effektiver zu gestalten und somit die öffentliche Unterstützung für Klimapolitik zu erhöhen.

In vielen Ländern erkennen Menschen, dass sie ihre Konsumgewohnheiten ändern können, um ihre Treibhausgasemissionen zu senken. Etwa zwei Drittel der globalen Emissionen hängen (entweder direkt oder indirekt) mit dem Konsum privater Haushalte zusammen. Aktuelle Schätzungen besagen, dass nachhaltige Lebensstile (z. B. in Bezug auf Mobilität, Ernährung und Wohnen) die globalen Emissionen um etwa 40 bis 80 % reduzieren könnten (Grubler et al. 2018). Dies hätte nicht nur Vorteile für das Klima, sondern auch die Gesundheit könnte durch geringeren Konsum tierischer Produkte und eine verstärkte Nutzung von Fahrrad oder Fußverkehr erheblich profitieren.

In den letzten Jahren haben zahlreiche Städte damit begonnen, Verhaltensänderungen in Bezug auf Mobilität aktiv zu unterstützen, z. B. durch den Ausbau von Fahrradwegen und Beschränkungen für den Autoverkehr in bestimmten Vierteln. Paris hat mit dem Konzept einer *15-Minuten-Stadt* international für Aufsehen gesorgt und zahlreiche Nachahmer gefunden. Dieses Konzept hebt die herkömmliche Trennung von Zonen für Wohnen, Arbeiten und Einkaufen auf und setzt stattdessen auf durchmischte Stadtviertel, um kurze Wege zu ermöglichen. Weltweit haben sich Gemeinschaften zu *Transition Towns* zusammengeschlossen, die auf eine nachhaltigere und gerechtere Lebensweise abzielen. Auch die *Sharing Economy,* die den Bedarf an langlebigen Konsumgütern reduziert (z. B. durch Carsharing oder Mitfahrgelegenheiten) erfreut sich zunehmender Beliebtheit.

Durch individuelle Verhaltensänderungen können Menschen ihren CO_2-Fußabdruck substanziell senken. Die Mobilität hat hier das größte Potenzial für Einsparungen. Auf einen einzigen Langstreckenflug zu verzichten kann beispielsweise etwa 1,6 Tonnen CO_2-Äq. einsparen (CO_2-Äquivalente, kurz CO_2-Äq., bringen die Klimawirkung aller emittierten Treibhausgase auf einen gemeinsamen Nenner, in Deutschland betragen die jährlichen pro-Kopf-Emissionen etwa 9 Tonnen CO_2-Äq.). Ohne Auto zu leben kann die Emissionen im Laufe eines Jahres um etwa 2,4 Tonnen reduzieren. Der Kauf von grünem Strom kann etwa 1,5 Tonnen pro Jahr und Verbraucher einsparen. Der Umstieg von einer fleischbasierten zu einer vegetarischen oder veganen Ernährung kann die jährlichen Emissionen um fast eine Tonne senken (Wynes und Nicholas 2017) und selbst eine teilweise Abkehr von tierischen Produkten kann bereits zu deutlichen Emissionseinsparungen führen.

Eine Transformation der gesamten Wirtschaft benötigt systemische Veränderungen. Trotzdem sind individuelle Maßnahmen ein wichtiger Baustein für den Übergang zur Klimaneutralität, da nachhaltige Lebensstile und die öffentliche Unterstützung für Klimapolitik Hand in Hand gehen. Menschen, die nachhaltig leben, signalisieren damit auch ihre Unterstützung für eine ambitioniertere Klimapolitik. Vorreiter sind wichtig, um nachhaltige Lebensstile ins öffentliche Bewusstsein zu rücken und andere Menschen mitzunehmen. Sobald ein ausreichend großer

Teil der Bevölkerung eine bestimmte Verhaltensweise übernimmt, kann diese zu einer neuen sozialen Norm werden, der ein Großteil der Bevölkerung folgt. Ein relativ kleiner Teil der Gesellschaft kann somit große Veränderungen bewirken, wenn sie den entscheidenden Schritt tun, der eine soziale Innovation von einer Nische zum Mainstream befördert.

3.2   Klimawandel in Kultur und Medien

Informationen über den Klimawandel und mögliche Lösungsansätze sind unerlässlich für eine zielführende gesellschaftliche Debatte über Klimaschutzmaßnahmen. Zeitungen, Fernsehen und soziale Medien spielen in dieser Hinsicht eine entscheidende Rolle. In den letzten Jahren zeichnet sich ein deutlicher Aufwärtstrend in der Berichterstattung zu Klimafragen ab. In der ersten Hälfte der 2010er-Jahre wurden pro Medium im Durchschnitt jährlich etwa 250 Artikel mit Klimabezug veröffentlicht, nach der Unterzeichnung des Paris-Abkommens im Jahr 2015 nahm das Medieninteresse erheblich zu und erreichte im Jahr 2021 mehr als 1000 Artikel pro Quelle (Media and Climate Change Observatory 2022). Dieser Anstieg war nicht stetig. Akute Krisen, wie die Covid-19-Pandemie oder Russlands invasion der Ukraine, haben Klimafragen immer wieder in den Hintergrund gedrängt. Dennoch hat sich der Klimawandel als zentrales Thema in der öffentlichen Debatte etabliert und die Medienberichterstattung über Klimafragen beeinflusst u. a. Investitionen in saubere Technologien, individuelles Verhalten und die öffentliche Unterstützung für Klimapolitik. Laut einer kürzlich veröffentlichten Studie lieferten im Jahr 2019 90 % der Medienberichte in Großbritannien, Australien, Neuseeland, Kanada und den USA eine korrekte Darstellung der Klimawissenschaft, ein höherer Anteil als in jedem vorherigen Jahr (McAllister et al. 2021). Neben den klassischen Medien gibt es auch eine große Anzahl an Blogs und Podcasts, die aktuelle Informationen zum Thema liefern (wie z. B. *Klimafakten* oder *CarbonBrief*).

Informationen sind notwendig, damit Menschen fundierte Entscheidungen treffen können, wie sie leben wollen. Wissen allein ist aber nicht ausreichend für Verhaltensänderungen, vielmehr spielen Werturteile eine wichtige Rolle, z. B. wenn es darum geht, wer für den Klimawandel verantwortlich ist und wer die Kosten für Emissionsminderungen tragen soll. Kunst und Kultur helfen dabei, über solche Werturteile nachzudenken und Einstellungen zum Klimawandel in ein kohärentes Narrativ zusammenzufügen.

In den letzten Jahren haben Klimathemen einen beachtlichen Aufschwung in der Massenkultur erfahren. So ist zum Beispiel der Roman *Das Ministerium für die Zukunft* von Kim Stanley Robinson aus dem Jahr 2020 zu einem internationalen

Bestseller geworden und wurde in neun Sprachen übersetzt. Weitere sehr erfolgreiche Autoren von ‚Climate Fiction' sind u. a. Margaret Atwood, T.C. Boyle, Octavia E. Butler, Barbara Kingsolver und Neal Stephenson. Der satirische Film *Don't Look Up* aus dem Jahr 2021 erzählt die Geschichte von Menschen, die die Bedrohung durch einen Kometen, der auf Kollisionskurs mit der Erde ist, ignorieren. Als einer der erfolgreichsten Filme auf Netflix überhaupt erhielt diese Parabel darauf, dass Menschen die Gefahren des Klimawandels verdrängen, zahlreiche Auszeichnungen. Auch Künstler:innen wie Ai Weiwei, Banksy und Edward Burtynsky fordern in ihren Werken eine neue Art von Gesellschaft, die ein gutes Leben für alle ermöglicht, ohne die Aussichten zukünftiger Generationen zu gefährden.

Mehrere renommierte klassische Orchester, wie das *Orchester des Wandels* in Berlin und das *Orchestra for the Earth* an der Universität Oxford, haben Konzerte gegeben, um Bewusstsein für die Klimakrise zu schaffen. Am Massachusetts Institute of Technology haben sich Musiker:innen und Wissenschaftler:innen zusammengeschlossen, um gemeinsam nach Antworten auf den Klimawandel zu suchen. Das Festival *Act 1.5* im Sommer 2024 entstand aus einer Zusammenarbeit zwischen der Band Massive Attack und Klimawissenschaftler:innen, um Wege aufzuzeigen, wie die Live-Musikindustrie dekarbonisiert werden könnte. Zahlreiche Popmusiker:innen, darunter Harry Styles, Billie Eilish und Drake, gehen mit gutem Beispiel voran und propagieren klimafreundliche Lebensstile.

Menschen sind eher bereit, sich für den Klimaschutz einzusetzen, wenn sie die Möglichkeit haben, für sich angemessene Handlungsmöglichkeiten zu entwickeln. Kunst kann zum Mitmachen anregen und Inklusion und soziale Gerechtigkeit beim Klimaschutz erhöhen. (Video-)Spiele, Simulationen und Rollenspiele ermöglichen es, eine emotionale Verbindung zum Klimaschutz aufzubauen. Ein Beispiel für ein solches Spiel ist die *World Climate Simulation,* bei der die internationalen Klimaverhandlungen nachgespielt werden. Dies ermöglicht es den Teilnehmer:innen, zu verstehen, was notwendig ist, um internationale Klimaziele zu erreichen und welche Aspekte für unterschiedliche Länder im Vordergrund stehen. Bisher haben mehr als 100.000 Teilnehmer:innen in mehr als 100 Ländern an diesem Planspiel teilgenommen. Klima spielt auch an Schulen in Lehrplänen eine immer größere Rolle, was jungen Menschen die Möglichkeit bietet, sich eine eigene Meinung zu bilden.

3.3   Klimagerechtigkeit und politisches Engagement

Klimawandel wie auch Klimapolitik werfen wichtige Gerechtigkeitsfragen auf. Erstens werden die schwerwiegendsten Auswirkungen von Treibhausgasen, die heute emittiert werden, erst in der Zukunft auftreten. Dies macht den Klimawandel zu einer Frage der Generationengerechtigkeit. Zweitens stammt der größte Anteil der in der Atmosphäre eingelagerten Treibhausgase aus Industrieländern, aber Länder mit niedrigem und mittlerem Einkommen sind am stärksten vom Klimawandel betroffen. Das ist eine Frage globaler Gerechtigkeit. Drittens sind die Auswirkungen des Klimawandels und die Kosten für dessen Vermeidung ungleich verteilt. Das wirft Gerechtigkeitsfragen innerhalb einzelner Gesellschaften auf.

Inzwischen erkennen mehr als 140 Länder intergenerationelle Rechte auf eine gesunde Umwelt an. Auf der Klimakonferenz COP28 im Jahr 2023 wurde der *Loss and Damage Fund* eingerichtet, um Länder mit niedrigem Einkommen für Klimaschäden zu kompensieren. Obwohl die derzeit diskutierten Gelder nur einen Bruchteil dessen entsprechen, was die am stärksten vom Klimawandel betroffenen Länder fordern, bietet der Fonds zumindest einen institutionellen Rahmen, um die Zusammenarbeit weiter zu vertiefen.

Die Verteilung der Kosten für die Minderung des Klimawandels zwischen verschiedenen sozialen Gruppen innerhalb eines Landes hängt von der konkreten Ausgestaltung der entsprechenden Maßnahmen ab. Kompensationszahlungen können soziale Schieflagen infolge von Klimapolitik vermeiden. So verteilen beispielsweise Österreich, die Schweiz und die kanadische Provinz British Columbia die durch die CO_2-Bepreisung erzielten Einnahmen so um, dass unerwünschte Verteilungswirkungen abgefedert werden. Das Emissionshandelssystem für den Verkehrs- und Gebäudesektor, das in der EU ab 2028 greifen soll, beinhaltet einen *Sozialen Klimafonds* zur Finanzierung von Maßnahmen, die besonders finanzschwachen Teilen der Bevölkerung zugutekommen, wie etwa für den Ausbau des öffentlichen Verkehrs.

Beschäftigung und regionale Wertschöpfung sind weitere wichtige Aspekte der Klimagerechtigkeit. In einer klimaneutralen Welt werden bestimmte Aktivitäten, wie der Abbau von Kohle und die Produktion von Autos mit Verbrennungsmotoren, zurückgehen und letztendlich völlig verschwinden. Länder mit niedrigem und mittlerem Einkommen und einer hohen Abhängigkeit von Öl- und Gaseinnahmen könnten besonders von einem globalen Ausstieg aus den fossilen Energieträgern betroffen sein. Obwohl eine klimaneutrale Welt neue – und womöglich attraktivere – wirtschaftliche Möglichkeiten bietet, werden die entsprechenden Arbeitsplätze und Wertschöpfungsketten nicht unbedingt dort entstehen, wo momentan fossile Rohstoffe gefördert werden. Um sicherzustellen, dass die Umstellung auf Klimaneutralität fair für alle abläuft, haben mehr als 60 Länder Maßnahmen für eine *Just Transition* ergriffen. Dazu gehören beispielsweise Umschulungen für Beschäftigte in betroffenen Branchen, strategische Investitionen in lokale Wertschöpfung und der Ausbau der Infrastruktur, um die Ansiedelung neuer Unternehmen zu erleichtern.

Emissionsreduktionen auf Kosten der ärmsten Mitglieder der Gesellschaft würden dem Konzept der nachhaltigen Entwicklung zuwiderlaufen. Im Gegensatz dazu kann eine Klimapolitik, die bestehende Ungleichheiten und Ungerechtigkeiten berücksichtigt, politische Unterstützung von Akteuren mobilisieren, deren Hauptanliegen nicht der Klimawandel ist, wie zum Beispiel Gewerkschaften und Menschenrechtsgruppen. Ein inklusiver Ansatz für eine sozial gerechte Klimapolitik, der die Anliegen sozialer Minderheiten berücksichtigt, kann sicherstellen, dass alle an dem Übergang zur Klimaneutralität teilhaben. In vielen Ländern gibt es Bürger:innenräte, in denen darüber beraten wird, was gegen den Klimawandel getan werden kann. Diese Form einer deliberativen Demokratie kann Entscheidungsträger:innen bei der Ausgestaltung von Maßnahmen unterstützen, die direkte Auswirkungen auf das tägliche Leben der Menschen haben, z. B. indem Verkehr und Stadtplanung auf die Bedürfnisse der Bürger:innen ausgelegt werden. Deliberative Formate können auch mehr Verständnis für andere Perspektiven schaffen, was Polarisierung vermeidet und es leichter macht, Kompromisse bei spezifischen Fragen auszuhandeln.

Forderungen für mehr Klimaschutz haben zu einer aktiven Protestkultur auf der ganzen Welt geführt, angeführt von Organisationen wie *Fridays for Future, Extinction Rebellion, Just Stop Oil* und der *Letzten Generation.* Seit Anfang 2022 gab es etwa 120 Klimaproteste, die von Jugendbewegungen, Gewerkschaften, indigenen Organisationen und politischen Parteien initiiert wurden (siehe Abb. 3.2). Nicht alle diese Proteste sind überall gut angekommen. So fühlten sich beispielsweise viele Pendler:innen durch Proteste, die den Verkehr in mehreren großen europäischen Städten lahmlegten, überproportional stark betroffen und viele zweifelten daran, dass Angriffe auf Kunstwerke eine legitime Form des Protests für mehr Klimaschutz darstellen. Klimaaktivismus scheint mehr öffentliche Unterstützung zu erfahren, wenn er legitime Ziele angeht, wie zum Beispiel Ölkonzerne. Dennoch können selbst unpopuläre Aktionen dazu beitragen, eine Debatte zu entfachen, die den Klimawandel verstärkt in das öffentliche Bewusstsein rückt (Fisher et al. 2023).

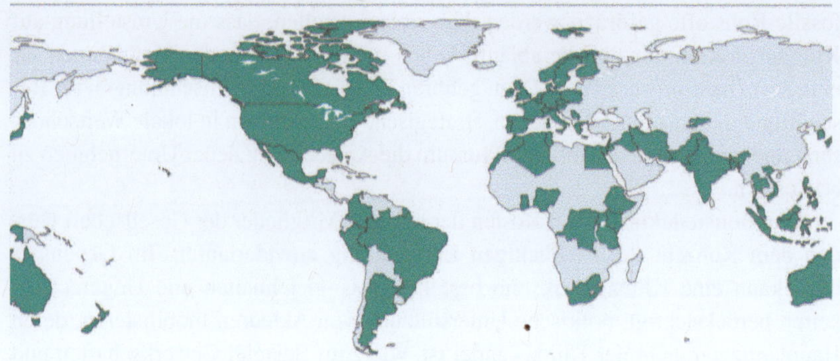

Abb. 3.2 Länder, in denen seit 2022 Klimaproteste stattgefunden haben. (Quelle: Eigene Darstellung, basierend auf Daten von Carnegie Endowment for International Peace (n. d.))

3.4   Klimaklagen und Investitionsverhalten

Klimaaktivist:innen nutzen zunehmend den Rechtsweg, um Regierungen und Firmen zu mehr Klimaschutz anzuhalten. Während es vor dem Jahr 2000 praktisch keine Klimaklagen gab, waren es weltweit betrachtet in den späten 2000er-Jahren fast 100 pro Jahr. Seitdem hat sich dieser Trend fortgesetzt, aktuell werden mehr als 200 Klimaklagen pro Jahr eingereicht. Insgesamt wurden bisher mehr als 2000 Klimafälle vor Gericht verhandelt. Zwei Drittel davon stammen aus den USA, aber auch in anderen Ländern wird diese Strategie zunehmend eingesetzt. Bisher gab es in mindesten 65 Ländern Klimaklagen, die meisten davon in Industrieländern, aber auch in u. a. Brasilien, Mexiko und Indonesien (UNEP 2023).

Bei diesen Klimaklagen fordern die Kläger:innen von ihren Regierungen entweder ambitioniertere Klimaziele oder eine beschleunigte Umsetzung von Klimaschutzmaßnahmen. In Deutschland wurde das Klimaschutzgesetz vor dem Verfassungsgericht angefochten. In einem wegweisenden Urteil entschied das Verfassungsgericht, dass die Bundesregierung verpflichtet ist, die Freiheitsrechte zukünftiger Bürger:innen zu schützen. Aus diesem Grund ist es erforderlich, Emissionsminderungen gerecht auf gegenwärtige und zukünftige Generationen aufzuteilen, um sehr hohe Kosten – und damit erhebliche Einschränkungen der persönlichen Freiheit – in der Zukunft zu vermeiden. Infolgedessen hat die Bundesregierung Zwischenziele festgelegt sowie grobe Leitlinien, welche Emissionsminderungen in welchen Sektoren erfolgen sollen. Der Europäische Gerichtshof für Menschenrechte entschied im Jahr 2024 zugunsten einer Gruppe von Senior:innen, die eine Beschwerde gegen die Regierung der Schweiz eingereicht hatten, weil diese nicht genug unternommen hatte, um Gesundheitsschäden durch Klimawandel zu verhindern. Dieses Urteil ist das erste eines internationalen Gerichts, das unzureichende Maßnahmen zur Emissionsminderung als Menschenrechtsverletzung begreift.

Auch Unternehmen, die Erkenntnisse über den Klimawandel zurückhalten oder Zweifel an der Klimawissenschaft säen, um ihre Geschäftsinteressen zu schützen, sind verstärkt Ziel von Klimaklagen. So zeigen interne Dokumente von ExxonMobil, dass der globale Ölkonzern sich bereits Anfang der 1980er-Jahre über die Gefahren des Klimawandel bewusst war und Anstrengungen unternahm, um die Öffentlichkeit zu täuschen. Aktuell sind 26 Klagen gegen Unternehmen anhängig, die bewusst Fehlinformationen in Bezug auf den Klimawandel verbreiten, um die Öffentlichkeit in die Irre zu führen. Manche Aktivist:innen haben auch Klagen gegen Finanzinstitutionen eingereicht, damit diese ihre Investitionen in fossile Brennstoffe zurückfahren. Am bekanntesten ist wohl die Klage von Milieudefensie (der niederländische Zweig von Friends of the Earth) gegen die Großbank ING. Die zentrale Forderung bestand darin, dass die Bank nur Kunden betreuen sollte, die Pläne für einen Ausstieg aus fossilen Energieträgern vorlegen. Im Herbst 2024 kündigte ING an, daran zu arbeiten, „die kohlenstoffintensivsten Sektoren im Kreditportfolio in Richtung globaler Klimaziele zu lenken" (Übersetzung des Autors) (ING 2024).

Zivilgesellschaft und private Akteure können Unternehmensentscheidungen auch über ihr Anlageverhalten beeinflussen. Jahrzehntelang waren ‚grüne Anlagen‘ ein Nischenprodukt für umweltbewusste Investor:innen. Heutzutage gibt es Tausende von nachhaltigen Investmentfonds. Diese reichen von breit diversifizierten Portfolios, die einen Index (wie den MSCI World Climate Change Index) nachbilden, bis hin zu hochspezialisierten Anlagevehikeln, welche sich z. B. auf erneuerbare Energien, Elektromobilität, nachhaltige Forstwirtschaft oder Wassermanagement konzentrieren. Die zunehmende wirtschaftliche Attraktivität sauberer Energietechnologien spiegelt sich auch im raschen Wachstum von Start-ups in diesem Bereich wider. Vor 2017 gingen weniger als 4 % des Risikokapitals (das Investoren für riskante Unternehmungen in der Hoffnung auf hohe Renditen bereitstellen) an Klimatechnologien, inzwischen sind es mehr als 12 %, das entspricht in etwa 70 Mrd. Euro pro Jahr (Dealroom 2023). Die Aussicht auf eine gute Rendite macht solche Investitionen auch für Anleger:innen interessant, für die Klimaschutz nicht oberste Priorität besitzt.

Auch die *Divestment*-Bewegung hat dazu beigetragen, dass wichtige Investor:innen verstärkt auf grüne Anlagen setzen. Insbesondere risikoscheue Anleger:innen, wie z. B. Pensionsfonds, ziehen sich immer mehr aus fossilen Investitionen zurück, da sie besorgt sind, dass fossile Rohstoffe und Infrastrukturen durch zukünftige Klimapolitik deutlich an Wert verlieren könnten. Momentan haben mehr als 1600 institutionelle Anleger, die zusammen mehr als 40 Billionen Euro verwalten, sich entschieden, ihr Geld aus fossilen Brennstoffen abzuziehen (Global Divestment Commitments Database 2021). Dazu zählen u. a. der Norwegische Staatsfonds, die Bill & Melinda Gates Foundation und Universitäten wie Harvard, Stanford und Oxford. Solche Umschichtungen von Finanzportfolios können einen Beitrag zur Transformation der Wirtschaft leisten, da sie die Kapitalkosten für fossile Investitionen erhöhen und gleichzeitig das Kreditangebot für klimafreundliche Firmen erweitern.

Im Rahmen der *Glasgow Financial Alliance for Net Zero,* die im Jahr 2021 auf der Klimakonferenz COP26 geschlossen wurde, verpflichten sich mehr als 600 Finanzinstitutionen mit einem Anlagevermögen von etwa 130 Billionen Euro dazu, zur Dekarbonisierung der Weltwirtschaft beizutragen. Diese Institutionen haben erheblichen Einfluss, um die von ihnen verwalteten Vermögenswerte klimafreundlich einzusetzen. Mehr als die Hälfte der größten 2000 börsennotierten Unternehmen haben bereits Netto-Null-Ziele festgelegt oder bereiten diese derzeit vor (Net Zero Tracker 2024). Solch freiwilligen Bemühungen werden zunehmend durch Offenlegungspflichten für den Finanzsektor ergänzt. Beispielsweise legt die EU-Taxonomie Kriterien fest, unter denen wirtschaftliche Aktivitäten als nachhaltig betrachtet werden können. Viele andere Länder, darunter große Emittenten wie China, Indonesien, Mexiko, Südafrika und Südkorea, verfolgen ähnliche Ansätze, um Investitionen klimafreundlicher zu machen, oder bereiten momentan solche Taxonomien vor.

3.5   Ein breites gesellschaftliches Bündnis für den Klimaschutz

Immer mehr Akteure, für die Klimaschutz nicht oberste Priorität besitzt, erkennen die zahlreichen Vorteile sauberer Energien. Erneuerbare Energiequellen sind inzwischen allein schon aus wirtschaftlichen Gründen attraktiv, selbst wenn man ihre Vorteile für Umwelt und Gesundheit außen vor lässt. So schrumpft z. B. in den USA die Kohlenutzung stetig – und das trotz konzertierter Bemühungen der Trump-Regierung, die Kohleindustrie am Leben zu erhalten, um bei Wähler:innen in Kohleregionen zu punkten. Texas hat sich zum Zentrum für Solarenergie entwickelt und produziert inzwischen mehr Strom aus Sonne als aus Kohle. Und das nicht aus Sorge um das Klima, sondern weil billiger Solarstrom satte Profite verspricht. Ebenfalls nutzen in den gesamten USA auf Ölbohrungen spezialisierte

Tab. 3.1 Beschäftigte im Bereich sauberer Energietechnologien (in Tausenden). (Quelle: Eigene Darstellung basierend auf Daten von IRENA (2024))

	Global	China	Brasilien	USA	Indien	EU
Photovoltaik	7.107	4.590	264	279	319	720
Biokraftstoffe	2.803	60	994	342	35	150
Wasserkraft	2.324	788	177	68	453	71
Windkraft	1.457	745	80	131	52	282
Feste Biomasse	765	200		47	58	333
Solare Heiz- und Kühltechnik	681	514	51	30	17	22
Biogas	316	165			85	49
Geothermie	160	94		9		7
Solarthermische Kraftwerke	118	98				5
Gesamt	16.235	7.388	1.567	1.056	1.019	1.812

Unternehmen zunehmend ihre technische Expertise für Geothermie, was sich ebenfalls positiv auf die Nutzung erneuerbarer Energien auswirkt.

Saubere Energietechnologie wird inzwischen auch immer mehr als Innovationsmotor betrachtet, der das Wirtschaftswachstum ankurbelt und neue Beschäftigungsmöglichkeiten schafft. Schätzungen legen nahe, dass weltweit bereits mehr als 16 Mio. Menschen im Bereich erneuerbare Energietechnologien beschäftigt sind, wie in Tab. 3.1 zu sehen ist (sie beinhaltet nicht die Batterieherstellung, die für mehrere Millionen zusätzliche Arbeitsplätze sorgt). Mehr als 7 Mio. dieser Arbeitsplätze hängen mit der Herstellung und der Installation von Solarpaneelen zusammen, etwa 2,8 Mio. mit flüssigen Biokraftstoffen und etwas mehr als 2,3 Mio. mit Wasserkraft. Mit fast 7,4 Mio. grünen Jobs ist China weltweit führend, gefolgt von der EU und Brasilien. Nach Angaben der Internationalen Energieagentur IEA könnte ein beschleunigter Umbau des globalen Energiesystems, der erforderlich ist, um die Ziele des Paris-Abkommens zu erreichen, mehr als 20 Mio. zusätzliche Arbeitsplätze im Bereich der sauberen Energietechnologien schaffen (IEA 2021). Länder, die stark von extraktiven Industrien, wie dem Bergbau, abhängen, sehen dies auch als Möglichkeit, ihre Wirtschaften zu diversifizieren und zu modernisieren. So hat zum Beispiel Chile, das eine große Bergbauindustrie besitzt, ehrgeizige Pläne vorgelegt, um eine grüne Wasserstoffwirtschaft aufzubauen.

Klimaschutz wird auch immer stärker zusammen mit Gesundheitsfragen gedacht, z. B. indem die Vorteile eines Ausstiegs aus den fossilen Energieträgern für saubere Luft herausgestellt werden. Im Jahr 2015 rief die renommierte wissenschaftliche Fachzeitschrift *The Lancet* die Kommission für Gesundheit und Klimawandel ins Leben, um jährlich einen bericht über den Fortschritt bei gesundheitsbezogenen Klimafragen vorzulegen. Im Vorfeld des COP28-Gipfels im Jahr

2023 wurde, angeführt von der Weltgesundheitsorganisation WHO, eine gemeinsame Erklärung abgegeben, die Klimadiplomat:innen auffordert, Gesundheitsfragen zu einem Eckpfeiler der Klimaverhandlungen zu machen.

In zahlreichen Fällen haben sich auch Gewerkschaften proaktiv eingebracht, um den Umbau der Wirtschaft mitzugestalten, anstatt zu versuchen, Arbeitsplätze durch ein Festhalten an nicht zukunftsfähigen Wirtschaftszweigen zu erhalten. Immer mehr Länder haben Maßnahmen für eine *Just Transition,* die neue wirtschaftliche Perspektiven für betroffene Regionen ausloten, unterstützt durch internationale Organisationen wie dem Internationalen Gewerkschaftsbund ITUC und der Internationalen Arbeitsorganisation ILO. Im Rahmen von *Just Energy Transition Partnerships* stellen Industrieländer finanzielle Hilfen zur Verfügung und unterstützen den Aufbau von institutionellen Kapazitäten, um den Kohleausstieg in Südafrika, Indonesien und Vietnam zu beschleunigen.

Die Sicherheit der Energieversorgung ist ein weiteres Argument für den Ausstieg aus fossilen Energieträgern. Russlands Angriff auf die Ukraine hat deutlich gezeigt, wie verwundbar die EU – und insbesondere Deutschland – gegenüber einer Unterbrechung der Erdgasimporte aus Russland ist. Erneuerbare Energien, die im Inland (oder in EU-Nachbarländern) produziert werden, würden hingegen die Energiesicherheit deutlich erhöhen. In diesem Sinne hat die EU das *REPowerEU*-Paket eingeführt, ein Bündel von Maßnahmen, um den Ausbau erneuerbarer Energien zu beschleunigen und damit auch die Abhängigkeit von Energieimporten zu verringern.

Politik   4

Die globale Klimaschutzarchitektur entwickelt sich beständig weiter und zahlreiche Länder haben sich Ziele gesetzt, um Netto-Null-Emissionen zu erreichen. Die Anzahl der nationalen und subnationalen Klimaschutzmaßnahmen ist in den vergangenen Jahren stetig gestiegen, viele Länder haben inzwischen CO_2-Preise oder Ziele zum Ausstieg aus den fossilen Energien und fördern alternative Energietechnologien. Auch der internationale Handel, Investitionsströme und die Entwicklungszusammenarbeit entwickeln sich zunehmend in eine klimafreundliche Richtung.

4.1   Die internationale Klimaschutzarchitektur und Netto-Null-Ziele

Die Auswirkung von Treibhausgasen auf das Klima ist unabhängig davon, wo diese freigesetzt werden. Daher stellt der Klimawandel eine globale Herausforderung dar, und die Politik hat schon lange die Notwendigkeit der internationalen Zusammenarbeit für das Klima erkannt. Tab. 4.1 gibt einen Überblick, wie sich die globale Architektur zum Klimaschutz im Laufe der Zeit entwickelt hat.

Das wegweisende Paris-Abkommen wurde 2015 auf der Klimakonferenz COP21 geschlossen, mittlerweile haben es 195 Staaten unterzeichnet. Dieses Abkommen legt das Ziel fest, die globale Erwärmung auf „deutlich unter 2 °C" zu begrenzen und auf eine Stabilisierung bei 1,5 °C hinzuwirken. Im Gegensatz zu früheren Versuchen, sich auf ein globales Klimaabkommen zu einigen, versucht das Paris-Abkommen nicht, dieses Ziel in verbindliche Verpflichtungen für einzelne Länder herunterzubrechen. Stattdessen sind alle Länder dazu angehalten, ihre bis

© Der/die Autor(en), exklusiv lizenziert an Springer Fachmedien   31
Wiesbaden GmbH, ein Teil von Springer Nature 2026
M. Jakob, *Gute Gründe für Klimaoptimismus*, essentials,
https://doi.org/10.1007/978-3-658-50689-6_4

Tab. 4.1 Die Entwicklung der internationalen Klimaschutzarchitektur. (Quelle: Eigene Darstellung)

⯆	1988	Gründung des *Intergovernmental Panel on Climate Change* (IPCC)
⯆	1992	Unterzeichnung der Klimarahmenkonvention der Vereinten Nationen (UNFCCC)
⯆	1994	Inkrafttreten der UNFCCC
⯆	1997	COP3: Unterzeichnung des Kyoto-Protokolls
⯆	2009	COP15: Die Konferenz in Kopenhagen erreicht kein globales Abkommen
⯆	2015	COP21: Unterzeichnung des Paris-Abkommens
⯆	2021	COP26: *Glasgow Climate Pact*
⯆	2022	COP27: Einigung auf den *Loss and Damage Fund* in Scharm El-Scheich
⯆	2023	COP28: Erste globale Bestandsaufnahme in Abu Dhabi abgeschlossen
⯆	2028	Beginn der zweiten globalen Bestandsaufnahme
⯆	2030	Einreichung neuer oder aktualisierter NDCs

zum Jahr 2030 angepeilten Emissionsminderungen als freiwillige Selbstverpflichtungen (*Nationally Determined Contributions,* NDCs) zu formulieren. Bestandsaufnahmen *(Stocktakes)* bewerten in regelmäßigen Abständen, wie die eingereichten NDCs im Verhältnis zum kollektiven Ziel stehen, um nationale Bemühungen nachschärfen zu können, falls nötig. In jüngsten Verhandlungsrunden wurden auch Fortschritte bei der Klimafinanzierung zur Unterstützung von Minderungs- und Anpassungsmaßnahmen in Ländern mit niedrigem und mittlerem Einkommen erzielt. Die COP27 in Scharm El-Scheich erzielte 2022 einen Durchbruch mit dem *Loss and Damage Fund,* der finanzielle Entschädigungen für Klimaschäden bereitstellt. Länder, die besonders anfällig für Klimafolgen sind, hatten lange einen solchen Fond gefordert und die ersten Einzahlungen wurden im folgenden Jahr zugesagt.

Die Architektur des Paris-Abkommens ist umstritten, insbesondere der Umstand, dass es keine bindenden Emissionsgrenzen für einzelne Länder festlegt, sondern auf Freiwilligkeit setzt. Man muss jedoch anerkennen, dass Länder nur Abkommen beitreten, an die sie auch tatsächlich gebunden sein wollen. Ein Abkommen mit ehrgeizigeren Emissionszielen würde für viele Länder den Anreiz vermindern, sich daran zu beteiligen. Das Paris-Abkommen allein hat daher nur eine begrenzte Wirkung. Aber es ist ein wichtiger Baustein im komplexen Geflecht der globalen Klimapolitik, das eine breite Palette von Themen (wie Energie, Handel und Menschenrechte) und Akteuren (wie Staaten, Städte und Unternehmen) umfasst. Auch wenn die NDCs nicht rechtlich bindend sind, können sie doch wichtige Zielmarken für nationale Maßnahmen sein. So kann z. B. die Zivilgesellschaft Regierungen, die ihre freiwilligen Selbstverpflichtungen nicht einhalten, zur Rechenschaft ziehen. Da Klimaziele zunehmend in Handels- und Investitionsabkommen verankert sind, kann eine Verfehlung der Klimaschutzziele auch spürbare wirtschaftliche Kosten mit sich bringen. Eine der Hauptleistungen des Paris-Abkommens besteht darin, dass es eine Plattform für den Austausch von Erfahrungen und Ideen bietet, die es erlaubt, voneinander zu lernen und erfolgreiche Ansätze miteinander zu teilen.

Um die Ziele des Paris-Abkommens zu erreichen, müssen bis Mitte des Jahrhunderts global Netto-Null-CO_2-Emissionen erreicht werden und viele wichtige Akteure haben sich Netto-Null-Ziele gesetzt. Etwa 90 % der weltweiten Treibhausgasemissionen sind aktuell von Netto-Null-Zielen abgedeckt (Net Zero Tracker 2024). Alle G20-Mitgliedsstaaten außer Mexiko haben Netto-Null-Ziele, und einige von ihnen haben auch bereits konkrete Pläne, um sie umzusetzen. Darüber hinaus gibt es in mehr als 400 Regionen und Städten Netto-Null-Ziele, beispielsweise in mehr als 130 amerikanische Städten im Rahmen der Kampagne *Cities Race to Zero* der Vereinten Nationen. Des Weiteren haben weltweit fast 1000 Unternehmen die Bedeutung von Klimaschutz für ihre Kund:innen erkannt und sich aus diesem Grund eigene Netto-Null-Ziele gesetzt.

Das Paris-Abkommen hat auch die Diskussion über einen kompletten Ausstieg aus den fossilen Energieträgern vorangebracht. 2017 riefen Großbritannien und Kanada die *Powering Past Coal Alliance* ins Leben, eine Koalition aus fast 170 Ländern, Städten, Regionen und Organisationen, die aus der Kohle aussteigen wollen. Der *Glasgow Climate Pact,* der 2021 auf der COP26 abgeschlossen wurde, fordert, die Nutzung von Kohle Schritt für Schritt zurückzufahren. Auch wenn dies ein schwächeres Ziel ist als ein kompletter Kohleausstieg, bedeutet es dennoch, dass alle Vertragsparteien der Klimarahmenkonvention die Bedeutung des Ausstiegs aus der Kohlenutzung für den internationalen Klimaschutz anerkennen. Auf der COP26 wurde auch die *Beyond Oil and Gas Alliance* gegründet. Die 14 Mitglieder dieser Allianz wollen den geordneten Ausstieg aus der Förderung von Öl und Gas erleichtern. Darüber hinaus haben einige Vorreiter, darunter mehrere kleine Inselstaaten, Kolumbien und das Europäische Parlament, einen Vertrag zur Nichtverbreitung von fossilen Brennstoffen gefordert, um den Ausstieg aus allen fossilen Brennstoffen zu unterstützen, angelehnt an Verträge zum Verbot von Landminen und Kernwaffen.

4.2   Nationale und sub-nationale Klimaschutzmaßnahmen

In den letzten 20 Jahren wurden weltweit zahlreiche maßnahmen zum Klimaschutz verabschiedet. Im Jahr 2000 gab es in den G20-Staaten (die etwa 80 % der globalen Emissionen ausmachen) insgesamt nur knapp über 70 Maßnahmen zur Emissionsminderung, Ende 2019 waren es bereits mehr als 1600. Während sich früher Maßnahmen zum Klimaschutz vor allem auf Industrieländer konzentrierten, ergreifen inzwischen auch immer mehr Schwellenländer die Initiative, um Ihre Treibhausgasemissionen zu senken. Im Jahr 2000 hatten nur vier der G20-Mitglieder nationale Strategien zum Klimaschutz. Aktuell gibt es fast überall in der G20 sektorübergreifende, umfassende Ansätze zur Begrenzung der Treibhausgasemissionen. Aktuell sind etwa 90 % der G20-Emissionen durch die ein oder andere Form von Regulierung erfasst.

Weltweit existieren derzeit mehr als 5000 Gesetze zum Klimaschutz. 90 Länder haben Ziele für den Anteil erneuerbarer Energien am Gesamtenergieverbrauch, 170 haben Ziele für Erneuerbare im Stromsektor, in mehr als 40 gibt es Strategien für grünen Wasserstoff und in mehr als 70 Ländern existieren Maßnahmen gegen Entwaldung (Grantham Institute & Climate Policy Radar n. d.). Die Anzahl an Gesetzen sagt natürlich nur begrenzt etwas darüber aus, wie effektiv diese sind. Ziele und Pläne sind nur dann wirksam, wenn sie auch durch konkrete Maßnahmen umgesetzt werden und die Ausgestaltung eines Politikinstruments (wie z. B. ein CO_2-Preis oder ein Emissionsstandard) kann mehr oder weniger ambitioniert sein. Eine größere Anzahl von Regulierungen kann jedoch die Glaubwürdigkeit langfristiger Klimapolitik erhöhen, da sie dafür sorgen, dass klimapolitische Ziele insgesamt Bestand haben, selbst wenn manche von einer zukünftigen Regierung aufgehoben werden. Außerdem steigen Entscheidungsträger:innen oft schrittweise in den Klimaschutz ein, beginnend mit Maßnahmen, die ohne allzu großen politischen Widerstand eingeführt werden können und die dann die Grundlage für ein höheres Ambitionsniveau in der Zukunft bilden.

Laut der OECD sind nationale Klimaschutzmaßnahmen im Laufe der Zeit in der Tat ambitionierter geworden. Das durchschnittliche Ambitionsniveau auf einer Skala von 1 (am wenigsten ambitioniert) bis 10 (am ambitioniertesten) lag im Jahr 2000 bei 4,3, im Jahr 2020 dagegen bei 6,3. Der deutlichste Anstieg war in Ländern mit niedrigen Ambitionsniveaus zu verzeichnen. Dies deutet darauf hin, dass Klimaschutz weltweit als wichtiges Politikziel anerkannt wird und auch Länder mit niedrigem und mittlerem Einkommen zunehmend entsprechende Maßnahmen ergreifen (OECD 2022). Aktuelle Forschung belegt, dass Länder mit ambitionierteren

Klimaschutzgesetzen ihre Emissionen rascher gesenkt (oder zumindest deren Anstieg stärker begrenzt) haben. Es wird geschätzt, dass ohne solche nationale Maßnahmen die globalen Emissionen heute etwa 11 % höher wären, d. h. diese Maßnahmen haben den weltweiten Anstieg der Treibhausgasemissionen um ca. 0.8 % pro Jahr verlangsamt (Eskander und Fankhauser 2020).

Städte und Regionen spielen ebenfalls eine wichtige Rolle für effektiven Klimaschutz, da sie am besten Klimaschutzmaßnahmen entwickeln können, die die Bedürfnisse der lokalen Bevölkerung berücksichtigen. Subnationale Akteure sind in der Lage, innovative Ansätze auszuprobieren und können als Vorreiter andere animieren, es ihnen gleichzutun. Aktuell haben mehr als 10.000 Städte und fast 250 Regionen in mehr als 140 Ländern (mit einer Bevölkerung von mehr als zwei Milliarden Menschen) ihre eigenen Klimaschutzmaßnahmen umgesetzt (IPCC 2022). Mehrere Städte, wie Addis Abeba und Seattle, haben entweder bereits Netto-Null-Ziele verabschiedet oder bereiten sich gerade darauf vor.

Auch Unternehmen sind wichtige Akteure für die Klimapolitik. Firmen können entweder ihre Emissionen als Reaktion auf staatliche Maßnahmen reduzieren, oder sie können ihre Geschäftsmodelle bereits vorausschauend umstellen, um auf zukünftige Regulierungen vorbereitet zu sein. Auch die Nachfrage von Seiten der Konsument:innen nach klimafreundlichen Produkten kann Emissionsminderungen betriebswirtschaftlich sinnvoll machen. Hier sind klare Kriterien und ein strenges Monitoring wichtig, um ‚Greenwashing' zu verhindern, d. h. dass Produkte als klimafreundlich dargestellt werden, die in Wirklichkeit kaum (oder gar keine) Vorteile für das Klima haben. Zahlreiche Unternehmen haben Systeme eingeführt, um ihre Emissionen über die gesamte Lieferkette nachvollziehen zu können, u. a. mehr als 23.000 Unternehmen im Rahmen des *Carbon Disclosure Project*. Solche Informationssysteme sind ein erster wichtiger Schritt, um Unternehmen in die Lage zu versetzen, effektive Strategien zur Emissionsminderung zu entwickeln.

Subnationale Akteure nutzen auch des Öfteren transnationale Netzwerke, um voneinander zu lernen und ihre Aktivitäten zu koordinieren. Zum Beispiel umfasst der *C40 Cities Global Covenant of Mayors* fast 100 Städte, auf die zusammen mehr als 20 % der globalen Wirtschaftsleistung entfallen. Solche Netzwerke können wichtige Bausteine für eine dezentrale Transformation der Weltwirtschaft hin zu Netto-Null-Emissionen sein und dabei helfen, nationale und internationale Anstrengungen für mehr Klimaschutz voranzutreiben.

4.3 CO$_2$-Preise und Ziele zum Ausstieg aus fossilen Energieträgern

Ökonomen sprechen sich seit langem für marktbasierte Instrumente aus, um kosteneffizienten Klimaschutz zu erreichen. Ein Preis für Treibhausgasemissionen (üblicherweise als ‚CO$_2$-Preis' bezeichnet, obwohl er auch andere Treibhausgase abdecken kann) sorgt dafür, dass Emissionen dort vermieden werden, wo die Kosten am geringsten sind. Damit können mit begrenzten finanziellen Mitteln die größtmöglichen Emissionsminderungen erzielt werden. Da CO$_2$-Preise diejenigen zur Kasse bitten, die Treibhausgase ausstoßen, sind sie auch gerecht im Sinne des Verursacherprinzips.

Ein Preis für Emissionen kann entweder durch eine CO$_2$-Steuer umgesetzt werden oder durch einen Emissionshandel, bei dem die Menge der erlaubten Emissionen festgelegt ist und sich der CO$_2$-Preis durch das Zusammenspiel von Angebot und Nachfrage nach Emissionszertifikaten ergibt. Wo CO$_2$-Preise eingeführt wurden, haben sie erfolgreich Emissionen vermieden, ohne negative Auswirkungen auf Wirtschaftsleistung oder Beschäftigung (Metcalf und Stock 2020). CO$_2$-Preise haben auch technologische Innovationen vorangetrieben und Anreize gesetzt, fossile Kraftwerke effizienter zu nutzen.

Im Jahr 2010 gab es weltweit nur knapp 20 Initiativen zur CO$_2$-Bepreisung, inzwischen sind es mehr als 70. Momentan sind etwa 28 % der globalen Emissionen von einem CO$_2$-Preis erfasst, wie in Abb. 4.1 gezeigt (World Bank 2024). Schätzungen legen nahe, dass um die Ziele des Paris-Abkommens zu erreichen bis 2030 ein globaler CO$_2$-Preis von ca. 50 bis 100 Euro pro Tonne CO$_2$ erforderlich wäre (Carbon Pricing Leadership Coalition 2017). Obwohl die meisten CO$_2$-Preise deutlich darunter liegen, haben einige Länder, wie Schweden und die Schweiz, bereits Preise von mehr als 100 Euro pro Tonne CO$_2$. Zusätzlich zu expliziten CO$_2$-Preisen erheben viele Länder Kraftstoffsteuern, z. B. auf Benzin und Diesel, um damit den Bau und die Instandhaltung von Straßen zu finanzieren. Wenn man diese impliziten CO$_2$-Preise in die Betrachtung mit einbezieht, sind bereits mehr als 40 % der globalen Emissionen von einem Preismechanismus abgedeckt. Auch gibt es Bestrebungen, die CO$_2$-Bepreisung weiter voranzutreiben. So hat die EU kürzlich beschlossen, ab 2028 ein neues Emissionshandelssystem für den Straßenverkehr und den Gebäudesektor einzuführen, zusätzlich zu dem bestehenden Emissionshandel für Strom und Industrie. Andere Länder, wie Brasilien, Marokko, Nigeria, Thailand und die Türkei, erwägen nun ebenfalls, CO$_2$-Preise einzuführen.

CO$_2$-Preise sind ein wesentlicher Bestandteil in einem Politikmix zum Klimaschutz. Es ist schwer vorstellbar, dass rasche Emissionsminderungen erreicht

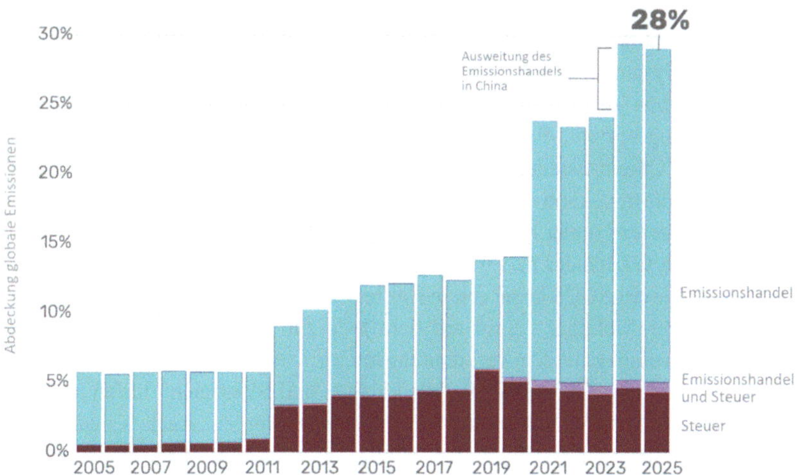

Abb. 4.1   Steigende Verbreitung von CO$_2$-Preisen.   (Quelle: Weltbank (2024))

werden können, ohne dass Verschmutzer einen Preis für die von ihnen verursachten Klimaschäden zahlen. CO$_2$-Preise allein reichen jedoch nicht aus, um die Weltwirtschaft vollständig zu dekarbonisieren. Stattdessen sind zusätzliche Maßnahmen erforderlich, um weitere Hindernisse für die Dekarbonisierung zu überwinden.

Ein zentrales Instrument in dieser Hinsicht sind Ausstiegsziele, die festlegen, dass bestimmte fossile Technologien (wie Kohlekraftwerke oder Verbrennungsmotoren) ab einem gewissen Zeitpunkt nicht mehr genutzt werden dürfen. Indem sie langfristige Planungssicherheit bieten und damit die Glaubwürdigkeit der Klimapolitik erhöhen, können Ausstiegsziele als wichtige Ergänzung zu CO$_2$-Preisen fungieren. Ausstiegsziele erlauben zwar weniger Flexibilität als marktbasierte Politikinstrumente, aber in vielen Bereichen hätte zusätzliche Flexibilität ohnehin nur einen geringen Mehrwert. Beispielsweise gibt es keinen Zweifel daran, dass die Verbrennung von Kohle auslaufen muss, um Netto-Null-Emissionen zu erreichen. Kohle ist der kohlenstoffintensivste Energieträger und für etwa 40 % der energiebedingten CO$_2$-Emissionen verantwortlich. Kohle wird hauptsächlich zur Stromerzeugung genutzt und kann dort leicht durch erneuerbare Energien ersetzt werden. Für einige industrielle Anwendungen, wie Stahl oder Zement, gestaltet es sich schwieriger, aus der Kohle auszusteigen, aber auch hier zeichnen sich vielversprechende Alternativen ab. Für den Verkehrssektor gilt Ähnliches. Um Netto-Null-Emissionen bis 2050 zu erreichen, dürfen ab ca. 2035 keine Autos mit Verbrennungsmotor mehr neu zugelassen werden (da diese eine

Lebensdauer von etwa 15 Jahren haben). Ebenso werden Heizungen in Zukunft ohne fossile Energieträger auskommen müssen, höchstwahrscheinlich durch den Umstieg auf Systeme, die mit erneuerbarem Strom betrieben werden können.

Aktuell haben 75 Länder, die zusammen 20 % der weltweiten Kohlenutzung ausmachen, zugestimmt, die Nutzung von Kohle oder den Bau neuer Kohlekraftwerke ohne CCS einzustellen. Da Kohlekraftwerke mit CCS wirtschaftlich kaum rentabel sein dürften, kann dies de facto als Kohlemoratorium verstanden werden. Mehr als 30 dieser Länder haben nationale Pläne mit einem konkreten Ausstiegsdatum und die G7-Länder haben Anfang 2024 gemeinsam beschlossen, die Nutzung von Kohle ohne CCS in der ersten Hälfte der 2030er-Jahre auslaufen zu lassen.

Ein weiterer wichtiger Schritt auf dem Weg zur Klimaneutralität sind Maßnahmen zum Ausstieg aus dem Verbrennungsmotor. In einigen EU-Mitgliedsstaaten, darunter Österreich, Dänemark, die Niederlande und Slowenien, dürfen ab 2030 keine Pkw mit Verbrennungsmotor neu zugelassen werden. Auch Kanada, Kap Verde, Chile, Singapur und einige US-Bundesstaaten haben solche Ausstiegsziele (ICCT 2024). Norwegen will bereits jetzt nur noch Elektroautos auf die Straßen bringen, Mitte 2025 lag deren Anteil bei fast 97 % aller Neuzulassungen.

Norwegen erlaubt auch keine Öl- oder Gasheizung in neuen Gebäuden, ebenso wie Frankreich, Großbritannien Irland, Luxemburg, die Stadt Vancouver und einige US-Gemeinden. In Österreich sind keine Gasheizungen für neue Gebäude erlaubt und Deutschland hat den Einbau neuer Ölheizungen untersagt. Dänemark verbietet sogar die Nutzung fossiler Heizungen für Bestandsgebäude in Zonen, die an das Fernwärmenetz angeschlossen sind.

4.4   Innovationsförderung und grüne Industriepolitik

Unternehmen investieren oft nicht genug in neue Technologien, da sie nicht in der Lage sind, ausreichend Kredite aufzunehmen, um die anfänglichen Investitionskosten decken zu können. Und da Innovationen (zumindest teilweise) nachgeahmt werden können, ist der Anreiz für Firmen, neue Technologien zu entwickeln, geringer als der damit verbundene soziale Nutzen. Für Einzelpersonen kann der Umstieg auf klimafreundliche Alternativen durch unzureichendes Wissen erschwert werden oder weil sie an alten Gewohnheiten festhalten. Entscheidungsträger:innen können eine breite Palette an Instrumenten einsetzen, um diese Barrieren für neue Technologien abzubauen.

Die am weitesten verbreitete Form von Innovationsförderung in Bezug auf Energie und Klima sind Einspeisevergütungen für Strom aus erneuerbaren Energien. Zu-

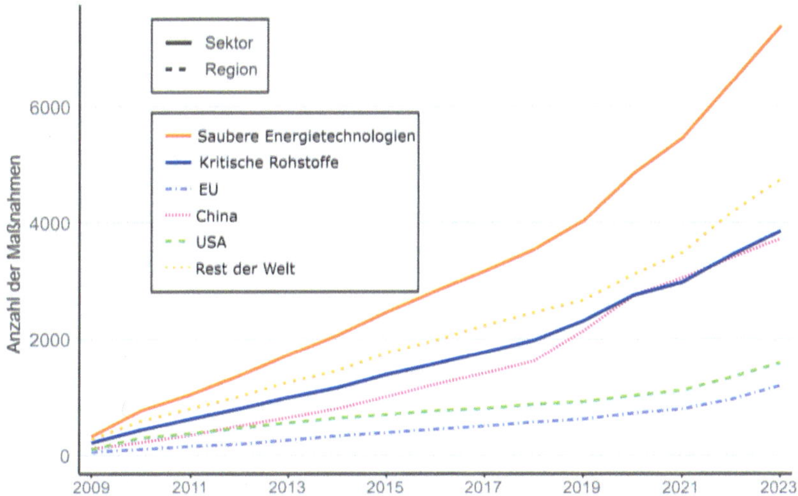

Abb. 4.2 Entwicklung industriepolitischer Maßnahmen im Bereich saubere Energietechnologien und kritische Rohstoffe. (Quelle: Meckling (2025))

sätzlich gibt es Subventionen für Forschung und Entwicklung, beispielsweise für neue Produktionsmethoden, die weniger Treibhausgase ausstoßen. Darüber hinaus können grüne Leitmärkte und öffentliche Beschaffung Nischenmärkte für neue Technologien schaffen (z. B. für klimaneutrale Grundstoffe wie Stahl oder Zement), wodurch wichtige Erfahrungen für eine breitere Nutzung gewonnen werden können. Durch vergünstigte Kredite oder Kreditrisikogarantien kann die Politik Unternehmen dabei unterstützen, sich leichter das notwendige Kapital zu besorgen. Technologieförderung ist kein Ersatz für Maßnahmen, die direkt bei den Emissionen ansetzen, wie CO_2-Preise, Ausstiegsmandate oder Technologiestandards. Trotzdem ist Technologieförderung ein wichtiges Element in einem breiten Strauß an Maßnahmen zur Senkung der Treibhausgasemissionen.

Saubere Energietechnologien sind nicht nur für das Klima wichtig, sondern sind auch ein Motor für wirtschaftliche Entwicklung und Beschäftigung. Aus diesem Grund nutzen Regierungen häufig ‚grüne Industriepolitik‘, um in strategisch wichtigen Sektoren, wie der Batterieproduktion, Kapazitäten aufzubauen. Derzeit gibt es weltweit mehr als 7000 industriepolitische Maßnahmen für saubere Energietechnologien, in den vergangenen zehn Jahren hat sich ihre Zahl beinahe vervierfacht (siehe Abb. 4.2). China setzt gezielt Industriepolitik ein, um seine Position als Marktführer für Solarmodule und Batterien zu festigen. Für beide Technologien halten chinesische Unternehmen Marktanteile von mehr als 80 %. Die EU hat mit dem *Net-Zero Industry Act* 2024 ein Paket zur Förderung klimaneutraler Industrien geschaffen. Zusätzlich wurden die Beihilferegeln gelockert, damit EU-Mitgliedstaaten leichter inländische Unternehmen in Sektoren, die als zentral für die Erreichung der europäischen Klimaziele betrachtet werden, unterstützen können.

Es besteht die Aussicht, dass nationale Bestrebungen, um strategisch wichtige Unternehmen anzusiedeln, in einem Subventionswettlauf für saubere Energietechnologien münden könnten. Dies würde zu weiteren Kostensenkungen für Schlüsseltechnologien wie Batterien, Solarpanele und Elektroautos führen und die Verbreitung dieser Technologien weltweit beschleunigen. Idealerweise sollten nationale Förderprogramme so gestaltet sein, dass sie Bereiche stärken, in welchen das jeweilige Land einen komparativen Vorteil in der globalen Wertschöpfungskette besitzt, anstatt die Produktion von Technologien zu fördern, die anderswo zu geringeren Kosten hergestellt werden könnten. Das Beispiel der Solarzelle – die ursprünglich in den USA erfunden, für Nischenanwendungen in Japan verbessert, in Deutschland skaliert und schließlich in China massenproduziert wurde – zeigt klar das Potenzial internationaler Arbeitsteilung (Nemet 2019). Der von der Bundesregierung initiierte *Klimaklub* konzentriert sich auf die Dekarbonisierung energieintensiver Industrien, wie Stahl, Aluminium und Zement, indem die Mitglieder gemeinsame Standards definieren und Erfahrungen austauschen. Dieser Klimaklub könnte in Zukunft auch verstärkt dazu dienen, zwischen den beteiligten Staaten Maßnahmen für grüne Industriepolitik zu koordinieren.

Ein weiteres wichtiges Argument für die Förderung erneuerbarer Energien ist die verringerte Abhängigkeit von Öl- und Erdgasimporten zur Deckung des Energiebedarfs. Im Zuge des Angriffs Russlands auf die Ukraine wurden die Lieferungen von Öl und Erdgas an die EU stark gedrosselt, was zu steigenden Energiepreisen führte. Seitdem haben viele Länder begonnen, ihre Energiepolitik zu überdenken und setzen nun verstärkt auf erneuerbare Energiequellen, um die Abhängigkeit von Energieimporten zu senken. Der Umstand, dass die Energiewende zunehmend als eine Frage von geopolitischer Bedeutung angesehen wird, gibt Grund zur Hoffnung, dass der Ausbau erneuerbarer Energien die notwendige politische Unterstützung erhält.

Der Umstieg zu erneuerbarer Energie kann allerdings neue Abhängigkeiten von kritischen Rohstoffen oder von Schlüsseltechnologien, die oft importiert werden müssen, schaffen. Beispielsweise dominiert China die Gewinnung und Verarbeitung von Lithium, Kobalt, Graphit und Seltenen Erden, die zu den wichtigsten Materialien für die Energiewende zählen, und ist der weltweit wichtigste Produzent von Solarpanelen und Batterien. Ein Ausbau der Kreislaufwirtschaft kann dazu beitragen, dass kritische Rohstoffe verstärkt zurückgewonnen werden können, sodass geringere Mengen importiert werden müssen. Ebenfalls wird an alternativen Materialien geforscht, für die die Importabhängigkeit weniger problematisch ist. Auch eine Diversifizierung der Importe auf ein breiteres Spektrum von Lieferanten und langfristige strategische Partnerschaften können dazu beitragen, Importabhängigkeit zu verringern.

4.5 Handel, Investitionen und Entwicklungspartnerschaften

Manche befürchten, dass in einer global vernetzten Weltwirtschaft Vorreiter in Sachen Klimaschutz das Nachsehen haben könnten wenn emissionsintensive Industrien, wie die Produktion von Aluminium, Stahl, Zement und Düngemitteln, in Länder abwandern, wo sie aufgrund weniger ambitionierter Klimaziele billiger produzieren können. Länder mit strikten Vorgaben zum Klimaschutz würden dann in diesen Sektoren keine Emissionen einsparen, sondern diese einfach nur woandershin auslagern. In den letzten Jahren wurden jedoch wichtige Schritte unternommen, um den Welthandel klimafreundlicher zu gestalten.

Aktuell führt die EU schrittweise einen Grenzausgleichsmechanismus (*Carbon Border Adjustment Mechanism,* CBAM) für Importe bestimmter emissionsintensiver Güter wie Stahl und Zement ein. Der CBAM verpflichtet Importeure, einen CO_2-Preis zu entrichten, der dem Preis entspricht, den Produzenten innerhalb der EU zahlen. Dies ermöglicht EU-Produzenten trotz ihrer höheren Kosten für saubere Produktion wettbewerbsfähig gegenüber der Konkurrenz aus anderen Ländern zu bleiben. Andere Länder, wie Großbritannien, Norwegen und Kanada, haben ähnliche Grenzausgleichsmechanismen entweder bereits beschlossen oder denken zumindest ernsthaft darüber nach. Ein CO_2-Preis auf Treibhausgase, die bei der Herstellung international gehandelter Güter emittiert werden, könnte auch andere Länder dazu bewegen, einen CO_2-Preis einzuführen. Dieser würde zwar ebenfalls Kosten für Unternehmen in diesen Ländern verursachen, aber die Einnahmen würden im Herkunftsland verbleiben und könnten z. B. für die Dekarbonisierung der Wirtschaft eingesetzt werden.

Klimaaspekte finden auch immer mehr Eingang in zwischenstaatliche Freihandelsabkommen. Weltweit gibt es mehr als 770 solcher Abkommen, wie z. B. die Nordamerikanische Freihandelszone NAFTA, das EU-Mercosur-Handelsabkommen und die ASEAN-Freihandelszone. 86 % dieser Abkommen enthalten Umweltbestimmungen, die in den letzten Jahren abgeschlossenen im Durchschnitt fast 50 und einige sogar mehr als 100 (Brandi und Morin 2023). Eine wegweisende

Entwicklung in diesem Zusammenhang könnte das *Abkommen über Klimawandel, Handel und Nachhaltigkeit* (ACCTS) zwischen Costa Rica, Island, Neuseeland und der Schweiz sein, da es das erste rechtlich bindende Handelsabkommen ist, das in erster Linie Umweltziele verfolgt. Es enthält u. a. Bestimmungen zum Abbau von Subventionen für fossile Brennstoffe und zur Liberalisierung des Handels mit Umweltgütern und -dienstleistungen.

Auch grenzüberschreitende Investitionen bewegen sich in eine klimafreundliche Richtung, wenn auch langsamer. Artikel 2.1 (c) des Paris-Abkommens, der dazu aufruft, Finanzflüsse im Einklang mit Klimazielen zu gestalten, unterstreicht die Bedeutung des Finanzsektors für die Klimapolitik. Der Energiecharta-Vertrag schützt Investitionen im Energiesektor. In erster Linie profitieren fossile Energien davon, da er es Unternehmen ermöglicht, Regierungen vor Gericht zu bringen, wenn sie Maßnahmen ergreifen, die ihre Gewinne beeinträchtigen – dazu zählen auch Gesetze zum Klimaschutz. Die EU-Mitgliedstaaten haben kürzlich gemeinsam beschlossen, dieses Abkommen zu verlassen, was seine derzeitige Mitgliederzahl von rund 50 Ländern in etwa halbieren wird. Dadurch wird es einfacher, in der EU ambitioniertere Klimapolitik umzusetzen und könnte auch anderen Ländern als Motivation dienen, um den Energiecharta-Vertrag zu verlassen. Klassifizierungssysteme für nachhaltige Investitionen, wie die EU-Taxonomie, können ebenfalls dazu beitragen, Finanzflüsse in eine klimafreundliche Richtung zu lenken, beispielsweise wenn es darum geht, wer Zugang zu öffentlichen Finanzmitteln erhalten soll (wie Darlehen von Entwicklungsbanken).

Finanzielle Unterstützung für Investitionen in den Klimaschutz in Schwellen- und Entwicklungsländern ist ein zentraler Pfeiler der internationalen Klimaschutzarchitektur. Auch wenn die verfügbaren Summen noch bei Weitem nicht ausreichen, haben Industrieländer ihre Zahlungen schrittweise erhöht und im Jahr 2022 erstmals ihr Versprechen erfüllt, mindestens 100 Mrd. US-Dollar pro Jahr zu mobilisieren (OECD 2024). Ab 2035 sollen dann jährlich mindestens 300 Mrd. US-Dollar erreicht werden. Auch der *Loss and Damage Fund,* der Kompensation für Klimaschäden in vulnerablen Ländern leistet, ist ein wichtiger erster Schritt für die Klimafinanzierung. Multilaterale Entwicklungsbanken, wie die Weltbank, die Asiatische Entwicklungsbank und die Afrikanische Entwicklungsbank, haben sich zum Ziel gesetzt, ihre Investitionen mit den Zielen des Paris-Abkommens in Einklang zu bringen und eine gemeinsame Methodik entwickelt, um die Klimawirkung ihrer Aktivitäten zu bestimmen.

Um bestimmte Länder gezielt bei dem Umbau ihres Energiesystems zu unterstützen, wurden *Just Energy Transition Partnerships* (JETPs) mit Südafrika, Indonesien, Vietnam und Senegal vereinbart. Diese sollen zwischen 2,7 Mrd. und 20 Mrd. Euro für die Energiewende in den entsprechenden Partnerländer bereitstellen. Diese Partnerschaften zielen darauf ab, soziale Belange mit Umwelt-zielen zu verknüpfen und dabei die spezifischen Bedürfnisse und Heraus-forderungen der Partnerländer zu berücksichtigen. Auch wenn diese Abkommen die in sie gesetzten hohen Erwartungen bisher nicht erfüllen konnten, bieten sie ein Forum für eine enge Zusammenarbeit zur Dekarbonisierung der Wirtschaft.

Zahlreiche weitere bilaterale und multilaterale Partnerschaften finanzieren Emissionsminderungen in Schwellen- und Entwicklungsländern. Die *Forests and Climate Leaders Partnership* stellt 12,5 Mrd. Euro zur Bekämpfung der Entwal-dung bereit, und Norwegen leistet Zahlungen an Länder, die ihre Entwaldungsraten unter eine vorab vereinbarte Schwelle senken. Die meisten Industrieländer haben Klima- oder Energiepartnerschaften mit anderen Ländern und betrachten Klima-fragen als wichtiges Anliegen im Rahmen ihrer Entwicklungszusammenarbeit. Manche Initiativen bringen auch Regierungen und nichtstaatliche Akteure zusam-men, wie die *Global Methane Initiative,* die kostengünstige Lösungen zur Vermei-dung von Methanemissionen aus Kohlebergwerken und der Erdöl- und Erdgas-förderung propagiert.

Ausblick 5

Die vorherigen Kapitel zeigen ermutigende technologische, soziale und politische Fortschritte bei der Bekämpfung des Klimawandels auf. Diese Erfolge haben zwar das Wachstum der Emissionen gebremst, waren aber bisher nicht ausreichend, um eine echte Trendwende einzuläuten. Jedoch bilden diese Fortschritte die Grundlage für grundlegende systemische Veränderungen, die den Übergang zur Klimaneutralität deutlich beschleunigen.

Viele Aspekte der Klimapolitik unterliegen der Pfadabhängigkeit. D. h. dass ihre zukünftige Entwicklung nicht ausschließlich durch ihren aktuellen Zustand bestimmt wird, sondern auch durch die Vergangenheit. Auch beeinflussen sich die in den vorherigen Abschnitten beschriebenen Elemente – Technologie, Gesellschaft und Politik – gegenseitig, wie in Abb. 5.1 schematisch dargestellt. Jedes Element in diesem dynamischen System kann eine stärkende oder schwächende Wirkung auf die anderen haben.

Sich selbst verstärkende Rückkopplungsschleifen können einen Teufelskreis bilden, der in einem ‚Carbon Lock-in' mündet. So sind z. B. Länder mit großen Vorkommen an Öl, Kohle oder Gas häufig von einem solchen Lock-in betroffen. Da in diesen Ländern der Energiebedarf vorwiegend mit fossilen Energieträgern gedeckt wird, gibt es einen technologisches Lock-in aufgrund bestehender Infrastrukturen (wie fossile Kraftwerke). Da fossile Rohstoffe eine wichtige Quelle für öffentliche Einnahmen, Beschäftigung und Wertschöpfung in Regionen darstellen, in denen die Brennstoffe gefördert werden, besteht auch ein wirtschaftlicher Lock-in. Und da die Eigentümer von fossilen Rohstoffvorkommen aufgrund ihrer wirtschaftlichen Macht Einfluss auf die Politik haben und einen Übergang zu sauberer Energie verhindern können, besteht ein politischer Lock-in.

M. Jakob, *Gute Gründe für Klimaoptimismus*, essentials, https://doi.org/10.1007/978-3-658-50689-6_5

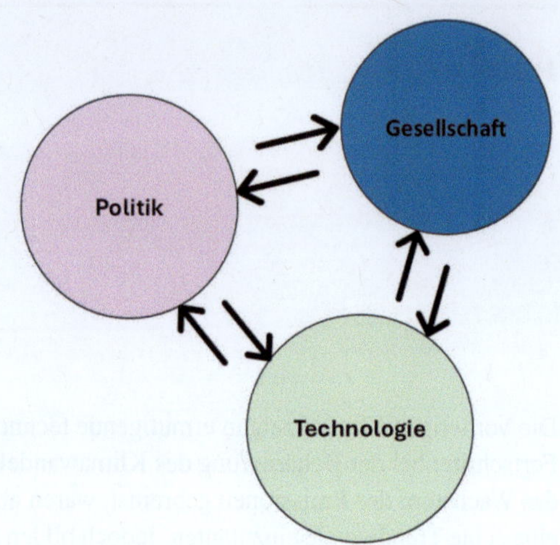

Abb. 5.1 Wechselwirkungen zwischen technologischen, gesellschaftlichen und politischen Aspekten, die für den Klimaschutz relevant sind. (Quelle: Eigene Darstellung)

Carbon Lock-in ist eines der wichtigsten Hindernisse für erfolgreiche Klimapolitik. Im Umkehrschluss bedeutet dies aber auch, dass jeder Fortschritt im Klimaschutz bestehende Carbon Lock-ins schwächt. Und sobald eine kritische Schwelle überwunden ist, können die sich selbst verstärkenden Dynamiken, die für Carbon Lock-in verantwortlich sind, sich umkehren. Sobald ein ‚positiver Kipppunkt' überschritten wird, beschleunigt sich der Übergang zur Klimaneutralität immer weiter. Dies macht verständlich, warum in der Vergangenheit weitreichende Veränderungen, wie die Nutzung von Elektrizität oder dem Internet, in der Regel nicht linear vonstatten gingen, sondern einer S-förmigen Entwicklung folgten, wie in Abb. 5.2 dargestellt. Innovationen existieren typischerweise erst in einer Nische – bis sie einen kritischen Wendepunkt erreichen, nach dem sie eine schnelle Verbreitung erfahren, bevor sie schließlich das Sättigungsstadium erreichen.

Dies bedeutet auch, dass kleine Aktionen große Auswirkungen haben können. Fortschritte, die relativ bescheiden erscheinen, können dennoch der entscheidende Schritt sein, um eine kritische Schwelle zu überschreiten. In einigen Bereichen, wie den Kosten für erneuerbare Energien, Elektromobilität und Wärmepumpen, haben wir diese kritische Schwelle wahrscheinlich bereits überschritten und der erreichte Fortschritt ist nicht mehr umkehrbar, selbst wenn in Zukunft weniger ambitionierte Klimapolitik betrieben wird. In anderen Bereichen stehen wir womöglich kurz vor einem positiven Kipppunkt.

Der Umstand, dass die Treibhausgasemissionen weiter anwachsen, wird oft als Zeichen dafür gesehen, dass bisherige Versuche, den Klimawandel abzuwenden,

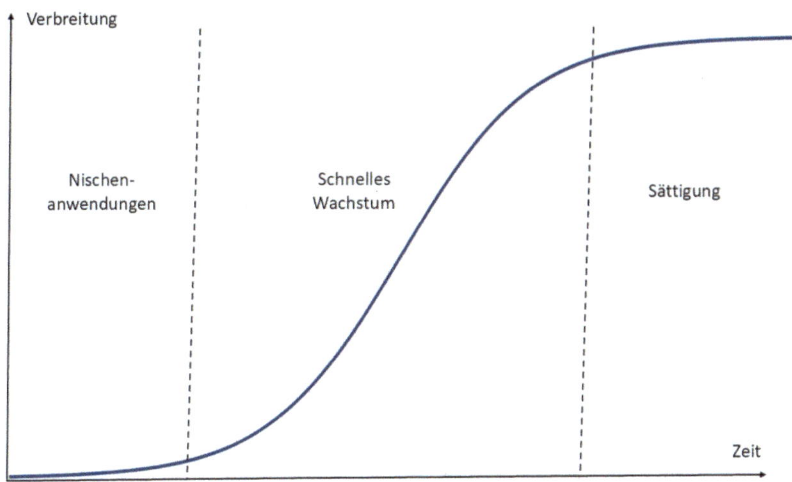

Abb. 5.2 Die Verbreitung technologischer, sozialer und politischer Innovationen verläuft in Form einer S-Kurve. (Quelle: Eigene Darstellung)

erfolglos waren. Die in diesem Buch beschriebenen positiven Entwicklungen können jedoch als Teil einer grundlegenderen systemischen Veränderung betrachtet werden. Es gibt Anzeichen dafür, dass die Emissionen in China, dem weltweit größten Emittenten, bereits ihren Höhepunkt überschritten haben und am Sinken sind. Dies könnte sich auch bald in den globalen Emissionen widerspiegeln und eine Trendwende einläuten, die politische Entscheidungsträger:innen wie auch individuelles Verhalten beeinflusst. Sinkende globale Emissionen könnten als klares Signal verstanden werden, dass die Dekarbonisierung tatsächlich stattfindet und dass wir nicht unweigerlich zu einer Klimakatastrophe verdammt sind. Es gilt zu hoffen, dass an diesem Punkt immer mehr Menschen beschließen, ihre Energie in die Bekämpfung des Klimawandels zu investieren, anstatt Teil derer zu sein, die den Übergang zur Klimaneutralität verzögern.

Was Sie aus diesem *essential* mitnehmen können

Auch wenn der globale Klimaschutz nicht so schnell voranschreitet, wie es wünschenswert wäre, gibt es doch einige ermutigende Entwicklungen zu verzeichnen. Dazu zählen:

- *Technologien:* Erneuerbare Energien und Speichertechnologien werden immer besser und günstiger, was auch die Dekarbonisierung des Verkehrs, von Gebäuden und der Industrie erleichtert. Zusätzlich könnte die Entnahme von Treibhausgasen aus der Atmosphäre, helfen, Versäumnisse im Klimaschutz zumindest teilweise auszugleichen.
- *Gesellschaft:* Das gesellschaftliche Bewusstsein für den Klimawandel ist stark ausgeprägt, und Bürger:innen setzen sich aktiv für mehr Klimapolitik ein, u. a. in Form von Klimaprotesten und -klagen sowie Verhaltensänderungen. Inzwischen existiert ein breites gesellschaftliches Bündnis für den Klimaschutz.
- *Politik:* Die internationale Klimaschutzarchitektur sowie nationale und subnationale Klimaschutzmaßnahmen entwickeln sich beständig weiter. Zusätzlich werden saubere Energietechnologien durch Innovationsförderung und Industriepolitik sowie veränderte Regeln für Handel und Investitionen unterstützt.

Diese Entwicklungen verlaufen nicht unabhängig voneinander, sondern verstärken sich gegenseitig. Aus diesem Grund besteht eine realistische Chance, dass sich der Übergang zur Klimaneutralität in der nahen Zukunft deutlich beschleunigt.

Fazit

Dieses Buch zeigt auf, welche wichtigen Fortschritte in den vergangenen Jahren beim Klimaschutz erreicht wurden und wie diese als Grundlage für eine rasche Dekarbonisierung der Weltwirtschaft dienen können. Allerdings hat der Aufstieg des Populismus zu verstärktem politische Widerstand gegen Klimapolitik geführt. Populisten auf der ganzen Welt stellen Klimaschutz gerne als Teil eines weiteren Versuchs der ‚Eliten‘ dar, um den ‚einfachen Bürger:innen‘ das Geld aus der Tasche zu ziehen. Die Wahl von Donald Trump zum 47. US-Präsidenten ist ein klares Zeichen für die Macht populistischer Narrative und zweifellos eine ungünstige Entwicklung für die Klimapolitik. Aber auch ohne die USA verzeichnen saubere Energietechnologien rapide Fortschritte und andere Länder setzen den eingeschlagenen Weg fort oder erhöhen sogar ihre Anstrengungen. So hat beispielsweise China angekündigt, den Ausbau erneuerbarer Energien zu beschleunigen und strengere Emissionsziele anzustreben.

Entscheidungsträger:innen haben eine realistische Chance, Klimapolitik voranzutreiben, wenn es ihnen gelingt, eine Verbindung zur Lebenswirklichkeit der Menschen herzustellen. Insofern ist es ermutigend, dass zunehmend die geringen Kosten sauberer Energie thematisiert werden, ebenso wie deren Vorteile für die Luftreinhaltung und verringerte Abhängigkeit von Importen fossiler Energieträger. Dennoch können sich viele in einer sich schnell verändernden Welt überfordert fühlen und insbesondere Menschen, deren Lebensunterhalt von fossilen Rohstoffen abhängt, könnten geneigt sein, die ernste Bedrohung des Klimawandels zu ignorieren. Langfristig würde dies jedoch in einer Katastrophe enden. Veränderungen sind unausweichlich – entweder, weil wir die notwendigen Schritte

M. Jakob, *Gute Gründe für Klimaoptimismus*, essentials,
https://doi.org/10.1007/978-3-658-50689-6

unternehmen, um unsere Wirtschaft umzubauen, oder weil die Auswirkungen eines ungebremsten Klimawandels uns nicht gestatten, so weiterzuleben wie bisher.

Aus diesem Grund müssen wir den Klimawandel nicht als Frage begreifen, die Gesellschaften spaltet, sondern als eine gemeinsame Herausforderung. Klimaschutz kann nur dann gelingen, wenn er nicht zu Lasten der sozialen Gerechtigkeit geht, sondern diese fördert und den gesellschaftlichen Zusammenhang stärkt.

Literatur

Jakob, M. *The Case Against Climate Doom: An Economist's Guide to Climate Optimism.* (Springer Nature Switzerland, Cham, 2025). doi:https://doi.org/10.1007/978-3-031-93968-6.

IPCC. *Climate Change 2021: The Physical Science Basis.* https://www.ipcc.ch/report/ar6/wg1/ (2021).

Berkeley Earth. Global Temperature Report for 2024. (2025).

IEA. *World Energy Investment 2023.* https://www.iea.org/reports/world-energy-investment-2023 (2023).

IRENA. *Renewable Power Generation Costs in 2023.* https://www.irena.org/-/media/Files/IRENA/Agency/Publication/2024/Sep/IRENA_Renewable_power_generation_costs_in_2023.pdf (2023).

Pehl, M. *et al.* Understanding future emissions from low-carbon power systems by integration of life-cycle assessment and integrated energy modelling. *Nat Energy* **2**, 939–945 (2017).

van de Ven, D.-J. *et al.* The potential land requirements and related land use change emissions of solar energy. *Sci Rep* **11**, 2907 (2021).

Nijnens, J., Behrens, P., Kraan, O., Sprecher, B. & Kleijn, R. Energy transition will require substantially less mining than the current fossil system. *Joule* **7**, 2408–2413 (2023).

Ritchie, H. The price of batteries has declined by 97% in the last three decades. *Our World in Data* https://ourworldindata.org/battery-price-decline (2021).

EIB. *EIB Climate Survey.* https://www.eib.org/en/surveys/climate-survey/index.htm (2024).

IEA. *Global EV Outlook 2023.* https://www.iea.org/reports/global-ev-outlook-2023/ (2023).

Evans, S. Factcheck: 21 misleading myths about electric vehicles. *Carbon Brief* https://www.carbonbrief.org/factcheck-21-misleading-myths-about-electric-vehicles/ (2023).

Bieker, G. *A Global Comparison of the Life-Cycle Greenhouse Gas Emissions of Combustion Engine and Electric Passenger Cars.* https://theicct.org/wp-content/uploads/2021/07/Global-Vehicle-LCA-White-Paper-A4-revised-v2.pdf (2021).

Carbon Brief. Factcheck: 18 misleading myths about heat pumps. https://www.carbonbrief.org/factcheck-18-misleading-myths-about-heat-pumps/ (2024).

EPHA. *European Heat Pump Market and Statistics Report.* https://www.ehpa.org/wp-content/uploads/2024/08/Executive-summary_EHPA-heat-pump-market-and-statistic-report-2024-2.pdf (2024).

IEA. *Energy Efficiency 2022.* https://www.iea.org/reports/energy-efficiency-2022 (2022).

Agora Industry. *Direct Electrification of Industrial Process Heat.* https://www.agora-industry.org/publications/direct-electrification-of-industrial-process-heat (2024).

Circle Economy Foundation. *The Circularity Gap Report.* https://www.circularity-gap.world/2024 (2024).

Deprez, A. *et al.* Sustainability limits needed for CO_2 removal. *Science* **383**, 484–486 (2024).

Sievert, K., Schmidt, T. S. & Steffen, B. Considering technology characteristics to project future costs of direct air capture. *Joule* **8**, 979–999 (2024).

Yale Program on Climate Communication. Global Warming's Six Audiences: A cross-national comparison in nearly 200 countries and territories worldwide. (2023).

Grubler, A. *et al.* A low energy demand scenario for meeting the 1.5 °C target and sustainable development goals without negative emission technologies. *Nature Energy* **3**, 515–527 (2018).

Wynes, S. & Nicholas, K. A. The climate mitigation gap: education and government recommendations miss the most effective individual actions. *Environ. Res. Lett.* **12**, 074024 (2017).

Media and Climate Change Observatory. A Review of Media Coverage of Climate Change and Global Warming in 2022. (2022).

McAllister, L. *et al.* Balance as bias, resolute on the retreat? Updates & analyses of newspaper coverage in the United States, United Kingdom, New Zealand, Australia and Canada over the past 15 years. *Environ. Res. Lett.* **16**, 094008 (2021).

Fisher, D. R., Berglund, O. & Davis, C. J. How effective are climate protests at swaying policy — and what could make a difference? *Nature* **623**, 910–913 (2023).

Carnegie Endowment for International Peace. Climate Protest Tracker. (n.d.).

UNEP. *Global Climate Litigation Report: 2023 Status Review.* https://wedocs.unep.org/bitstream/handle/20.500.11822/43008/global_climate_litigation_report_2023.pdf?sequence=3 (2023).

ING. ING gives update on climate action approach, accelerates efforts in client engagement. https://www.ing.com/Newsroom/News/Press-releases/ING-gives-update-on-climate-action-approach-accelerates-efforts-in-client-engagement.htm (2024).

Dealroom. Climate tech. (2023).

Global Divestment Commitments Database. *Invest-Divest 2021.* https://divestmentdatabase.org/report-invest-divest-2021/ (2021).

Net Zero Tracker. Data Explorer. (2024).

IEA. Clean energy jobs created in 2023 and 2030 by scenario. (2021).

IRENA. *Renewable Energy and Jobs. Annual Review 2024.* https://www.irena.org/-/media/Files/IRENA/Agency/Publication/2024/Oct/IRENA_Renewable_energy_and_jobs_2024.pdf (2024).

Nascimento, L. *et al.* Twenty years of climate policy: G20 coverage and gaps. *Climate Policy* **22**, 158–174 (2022).

Grantham Institute & Climate Policy Radar. Climate Change Laws of the world. (n.d.).

OECD. *The Climate Actions and Policies Measurement Framework: A Structured and Harmonised Climate Policy Database to Monitor Countries' Mitigation Action.* vol. 203 https://www.oecd-ilibrary.org/environment/the-climate-actions-and-policies-measurement-framework_2caa60ce-en (2022).

Eskander, S. M. S. U. & Fankhauser, S. Reduction in greenhouse gas emissions from national climate legislation. *Nat. Clim. Chang.* **10**, 750–756 (2020).

IPCC. *Climate Change 2022: Mitigation of Climate Change, the Working Group III Contribution.* https://www.ipcc.ch/report/sixth-assessment-report-working-group-3/ (2022).

Carbon Pricing Leadership Coalition. *Report of the High-Level Commission on Carbon Prices.* https://www.carbonpricingleadership.org/report-of-the-highlevel-commission-on-carbon-prices/ (2017).

Metcalf, G. E. & Stock, J. H. Measuring the Macroeconomic Impact of Carbon Taxes. *AEA Papers and Proceedings* **110**, 101–106 (2020).

World Bank. Carbon Pricing Dashboard. (2024).

ICCT. Zero-emission vehicle phase-ins: Passenger cars and vans/light trucks (February 2024). (2024).

Juhász, R. & Lane, N. The Political Economy of Industrial Policy. *Journal of Economic Perspectives* **38**, 27–54 (2024).

Nemet, G. F. *How Solar Energy Became Cheap: A Model for Low-Carbon Innovation.* (Routledge, 2019).

Meckling, J. The geoeconomic turn in decarbonization. *Nature* **645**, 869–876 (2025).

Brandi, C. & Morin, J.-F. *Trade and the Environment: Drivers and Effects of Environmental Provisions in Trade Agreements.* (Cambridge University Press, 2023). doi:https://doi.org/10.1017/9781009461825.

OECD. *Climate Finance Provided and Mobilised by Developed Countries in 2013–2022.* (OECD, 2024). doi:https://doi.org/10.1787/19150727-en.